南京历史文化名人系列丛书

焦竑传

罗晓翔 著

南京市文化和旅游局
南京市博物总馆
编

凤凰出版社

图书在版编目（CIP）数据

焦竑传 / 罗晓翔著. -- 南京 : 凤凰出版社,
2019.12
（南京历史文化名人系列丛书）
ISBN 978-7-5506-3071-0

Ⅰ. ①焦… Ⅱ. ①罗… Ⅲ. ①焦竑（1540-1620）—
传记 Ⅳ. ①B248.99

中国版本图书馆CIP数据核字(2020)第003127号

书　　名	焦竑传
著　　者	罗晓翔
责任编辑	尤丹丹
装帧设计	徐　慧
出版发行	凤凰出版社(原江苏古籍出版社) 发行部电话025-83223462
出版社地址	南京市中央路165号,邮编:210009
出版社网址	http://www.fhcbs.com
照　　排	南京凯建文化发展有限公司
印　　刷	江苏凤凰通达印刷有限公司 南京市六合区冶山镇,邮编:211523
开　　本	718×1005毫米　1/16
印　　张	7.5
字　　数	108千字
版　　次	2019年12月第1版　2019年12月第1次印刷
标准书号	ISBN 978-7-5506-3071-0
定　　价	68.00元

(本书凡印装错误可向承印厂调换,电话:025-57572508)

《南京历史文化名人系列丛书》编委会

序　言

南京古称金陵、建邺、建康等，是素负盛名的“六朝古都，十朝都会”，与北京、西安、洛阳并称为中国四大古都。南京在历史文化上的独特性，体现在曾多次承担过中华民族救亡图存、走向复兴的历史责任与历史使命。在历史文化的视野下，把南京置于国家民族的历史长河中，探寻这座城市对于中华文明所起到的作用，会发现在中国历史上，没有哪一座城市像南京这样，与中华民族的命运如此紧密地联系在一起。

2500多年的建城史，450年的建都史，使得南京在历朝历代都涌现出许许多多为中华数千年文明作出过重要贡献的杰出人物，他们广泛地活跃在政治、经济、军事、文化、艺术、宗教、科技、曲艺等方面。在这些“立德、立功、立言”的杰出人物的身上，集中体现着中华民族精神的标记，印证着历史人文精神的深邃。虽然这些历史身影已随着逝去的时代而远去，但他们留下的物质或非物质的印记，作为后来者追慕先贤、思索人生、承继前行的路标，仍然是南京乃至中华民族弥足珍贵的文化资源和极其宝贵的精神财富，是中国历史文化脉络的重要组成部分，更是加快南京历史文化名城建设不可或缺的要素。

2014年初夏，南京市政府根据“十二五”规划文化建设中提出的传承创新、推动文化大发展大繁荣的要求，出于充分挖掘、利用南京在历史名人资源方面的优势，彰显南京独特的历史名人文化，进而发挥文化引导社会、教育人民、推动发展的功能，增强民族凝聚力和创造力的目的，要求南京市文化广电新闻出版局及其下属单位在调查研究的基础上，提出切实可行的南京历史文化名人展示工作的实施方案。

客观、科学地界定南京历史文化名人，按不同的时代、不同的系统梳理罗列出来，不是一件容易的事。新成立的南京市博物总馆文化遗产保护研究所具体承担了起草《南京历史文化名人展示工作实施方案》的工作，在经过了近一个月披沙拣金般的梳理与遴选后，研究所的同志们按时交出了一份包括近400位待选的南京历史文化名人小传的征求意见稿。此后，在南京市委、市政府、市政协主要领导的关心与支持下，南京市文化广电新闻出版局就如何实施南京历史文化名人的弘扬与展示工作认真调研，反复斟酌，并召开了多次由市领导与南京大学、南京师范大学、南京博物院等专家学者参加的专题论证会，最终在集思广益达成的共识的基础上，甄选出首批共79位在南京乃至国内外都有一定历史地位、在彰显南京历史文化方面具有一定代表性的南京历史文化名人，并确定了在深入挖掘其内涵的基础上，采用雕塑创作、遗址与博物馆建设、遗迹修缮、深度挖掘出版、文艺创作等5种向全社会推介展示这些南京历史文化名人的方式。

这其中的深度挖掘出版方式，指的是在采撷、整理文献史料的基础上，编辑出版以南京历史文化名人为系列的名人传记或故事，适用于那些历史文献和地方志书中虽有明确记载，对南京历史文化发展也有较大影响，但其相关遗迹、遗存尚不确定的南京历史文化名人，藉以系统地呈现南京历史文化，进一步增强南京文化软实力与综合竞争力。采用深度挖掘出版方式予以宣传推介的南京历史文化名人的人选，包括三国时期的书法家皇象、佛经翻译家支谦，东晋时期的道教学者葛洪、美术家戴逵、名僧暨佛经翻译家法显，南朝刘宋时期的天文学家何承天、史学家范晔、文学家刘义庆，南齐的开国皇帝萧道成、画家陆探微、诗人谢朓、美术评论家谢赫，南朝齐梁时期的文学批评家钟嵘，唐代诗人王昌龄，明代文学家宋濂、学者焦竑、书法篆刻家文彭，明末清初的竹刻艺人濮仲谦，清代文学家方苞，近代建筑设计师亨利·墨菲共计20人。该项工作由南京市文化广电新闻出版局负责。

考虑到社会影响并兼顾大多数人的接受程度，南京市文化广电新闻出版局与南京市博物总馆的主要领导认为《南京历史文化名人系列丛书》的编撰和出版工作应尽可能达到如下几点要求。一是实事求是，科学取舍。要运用历史唯物主义观点和方法收集资料，去粗取精，去伪存真，力求内容的史料性、思想性和资料性的统一。在尊重历史真实的前提下，对涉及政治、民族、宗教等重大敏感问题，在史料取舍与叙述上，谨慎科学处理。二是主题突出,详略得当。在具体的文字内容上,应包括上述各南京历史文化名人的生平事迹、主要成就及其对后世的影响,并尽可能将每个人物的成就及其与南京之间的关系或联系,在书中予以浓墨重彩地展示。三是深入浅出,通俗易懂。丛书的篇幅不宜过长,避免阳春白雪、曲高和寡,编撰行文应言之有物,但在行文中仍然务需严谨、规范,所使用的材料要求有来源、有依据,注重和突出面向大众的宣传、推介效果,争取较强的可读性,力求做到雅俗共赏。四是图文并茂,引人入胜。作为一部介绍历史名人的图书,在诸方面要凸显其文化特点和艺术魅力,每本书宜在行文中都配附一定数量、与书籍内容相关的图片,做到图文并茂,雅俗共赏。

这样一套面向社会大众的普及性质的读物,自然不宜高头讲章般的满是庙堂之气,但学术层面的严谨和求实,也都必须遵循而丝毫马虎不得,因而对于编写工作的要求其实是相当高的,所以寻找合适的作者自然也就成了让人头疼不已的事。在这一方面,南京市博物总馆下辖的文化遗产保护研究所为之付出了艰苦的努力。

我们编纂这套《南京历史文化名人系列丛书》不仅仅是为了让来者见贤思齐,心追范式,更主要是为了让后人通过读史而能自省,深入发掘、总结、提炼中国历史文化中的优秀精神,推动社会主义精神文明和物质文明协调发展,古为今用,洋为中用,把中华民族的优秀传统转变为现实中有生命力、有影响力的东西,从而进一步增强民族自信心和凝聚力,为促进中国特色社会主义文化建设的健康发展,激发全民族文化创新创造活力,不断铸就中华文化新辉煌,尽一份绵薄之力。

鉴于《南京历史文化名人系列丛书》所涉部分历史人物可资参阅的史料极其有限,加之编写时间匆促,本书难免存在这样或那样的缺憾。在此诚恳希望专家读者多加指教,以便有机会再作修改与补充。

2018年3月

目　录

引　言　状元焦竑与晚明南京

焦竑（1540—1620），字弱侯，号澹园，又号漪园，为晚明南京著名的思想家、藏书家与文献考据学家。他出身于军户家庭，但自幼习儒业，背负着光耀门楣的使命。焦竑天资聪颖，勤奋好学，十六岁入应天府学，二十四岁中举，直至五十岁成为状元，授翰林院修撰，一鸣惊人。南京曾有"焦状元巷"这一地名，就是为了表彰他的科举成就。在成为进士之前，焦竑就已经是一位学问广博、思想成熟的理学家，是泰州学派的代表人物。尽管科举成功来得较晚，但焦竑的政治热情依然高涨，希望凭借自己的思想才学而有一番作为。然而他的仕途并不顺利，十年后便辞官回乡，在南京度过了生命中的最后二十年。焦竑生前就被奉为文坛泰斗、理学宗师，门生遍天下。但时人对焦竑的评价，总是夹杂着钦佩与惋惜，感叹其明珠暗投，未得到朝廷赏识。对焦竑本人而言，仕途失意也是心头抹不去的遗憾。他的一生，既有个性鲜明的一面，也体现了那个时代所有士人的宿命。

在进入这位历史人物的生命历程之前，有必要对其生活的时间与空间有所了解。焦竑是明朝嘉靖、万历时人，这是有明一代政治较为稳定，社会经济最为繁荣，思想文化极为活跃的时代。而明代的南京，也有其特殊的城市属性与发展模式。万历二十六年（1598），意大利传教士利玛窦（1552—1610）第一次来到南京时，就对这个"真正到处都是殿、庙、塔、桥"的大城市感到震惊，并且认为，论秀丽和雄伟，"或许很少有其他城市可以与它匹敌或胜过他。……在某些方面，它超过我们的欧洲城市"[1]。他在札记中还特别指出："此城一度是全国的都城和几百年来古代帝王的驻跸

---

① ［意］利玛窦、金尼阁著：《利玛窦中古札记》，中华书局1983年版，第286页。

地，尽管皇帝由于前面提到的理由已移位北方的北京，南京仍然没有失掉它的雄壮和名声。即或是失掉了，那一事实也仅只证明它从前比现在更加了不起。”[①]

自洪武元年（1368）朱元璋登基，至永乐二十一年（1423）朱棣正式迁都北京，南京作为大明王朝国都仅仅五十六年。然而明初半个世纪的都城建设，不仅营建起高大雄伟的城墙与宫殿、衙署，也改造了城市的人口构成及城乡关系。由于洪武时期实行“徙实京师”政策，也就是将其他地区的民众强行迁徙至京城，因此明代南京城内的“土著”家族，基本是明初移民的后代。其中卫所军户所占的比例也较大。万历时期编纂的《上元县志》中称：“我太祖开基，取天下豪右聚之京师，分隶诸司各卫，而所居者实县境也。今贤哲之生，殆倍于邑人。”[②]

焦竑的先祖，就是明初隶籍旗手卫的山东日照移民。万历时期南京的另一位状元朱之蕃（1558—1624），先世为山东茌平人，后以锦衣卫籍徙南京。在焦竑、朱之蕃之后，以会试第一、廷试第三而名声鹊起的顾起元（1565—1628），则出身金吾右卫籍。明初的移民家庭落籍南京后，其经济与社会生活重心便迅速向城市转移。就日后获得成功的家族而言，实现社会身份上行流动的主要渠道是经商与科举，而非传统的耕读模式。一个家族要完成身份转变，往往需要几代人的努力。这一点在焦竑身上体现得相当典型。

明代南京的教育资源相当丰富，从国家级学校国子监，到地方学校应天府学以及私人讲学之书院，都在地方教育中扮演过各自的角色。国子监的设立，曾使南京成为全国教育中心。但永乐迁都之后，南京国子监的地位有所下降。与国子监由盛而衰的命运相比，应天府学在地方教育中一直占有重要地位，不仅规模大，而且受到地方官员与本地士绅的重视。作为地方科举兴衰的标志，应天府学负载了重要的象征性意义。焦竑十六岁入应天府学，结交的师友对其人生产生了重要影响。此后他拜入耿定向（1524—1596）门下，钻研心性之学，直至成为理学大家，这都

---

① [意]利玛窦、金尼阁著：《利玛窦中国札记》，第288页。

② 万历《上元县志》卷十《人物志》，《金陵全书》甲编，南京出版社，2010年版，第516页。

与南京的教育与文化氛围密不可分。而焦竑成名之后,也非常善于通过讲学传播其思想。他的讲学活动,又在很大程度上稳固了南京作为东南文化重镇的地位。

从经济发展上说,南京腹地地貌类型比较复杂,以山、丘、岗三类所占比例为大。长江东西贯穿本区,北岸有滁河,南岸有石臼湖、秦淮河等水系汇入。区内长江、秦淮河、滁河以及石臼湖、固城湖边的河湖堆积平原大多被辟为圩田,江边和江心也有少数洲地。这样冈阜相间的地形,造成农业生产不苦旱即苦涝。受地区自然与生态因素的影响,南京周边农业发展与江南其他地区相比显得迟滞。加之南京士绅家族多有移民背景,其与腹地农村之间的社会联系原本就比较薄弱。而作为城居士绅,他们的社交空间与人际网络都集中在城内,并不愿将生活中心转移到乡间。因此相比于其他江南城市,明代南京的士绅并不热衷于土地积累,家族的经济实力也逊色许多。如果三代之内不能维护科举成功,家族就要面临社会地位下降的危机。焦竑家族的起落,就展现了这一特征。

而与农村经济的迟滞相比,以城市为中心的手工业与商业却在明代中后期获得了极大的发展。明代南京的交通设施有所改善。以南京为中心向全国各地辐射的十条水陆大通道,以及驿站、驿铺的设立,为南京的转运贸易发展创造了良好的条件。南京作为南方政治文化中心,是个典型的消费型城市。由于贩运商业的发达,外来客商的人数也十分庞大。在外来客商中,徽商的地位尤其显著。他们不仅推动了城市商业的繁荣,也大力赞助地方文化事业,成为明代南京独特人文环境的重要组成部分。这也在焦竑晚年的交游与学术活动中有所体现。

下面,让我们回到四百余年前的南京,从状元焦竑的人生经历中了解一位学者,一座城市,与一个时代。

第一章　家庭背景

焦竑出身于明代南京的一个军户家庭，先世为山东日照人，明初隶南京旗手卫籍，从此定居南京。卫所军户是明代南京城市居民中的一个特殊群体。明太祖朱元璋建都南京后，在都城内外安扎四十九卫、二所，正军人数曾高达二十万。四十九卫之中，有亲军卫十七，旗手卫即为其中之一，其地位大约仅次于锦衣卫，主要驻扎在城东皇城周边。隶籍于各卫所的军人来自不同地区，可谓五方杂处。这些军人移居南京后，组建家庭、生子繁衍，逐渐由移民变为土著。永乐迁都后，南京卫所规模有所下降，但建置并未改变，并一直延续至明末。

至于焦氏，由山东日照迁往金陵，则源于焦源从军。元末朱元璋起兵后，常遇春于至正十五年(1355)归附，而焦源为常遇春部下。焦家的这位先祖，后以军功封诏信校尉。校尉即卫士，只是一个低品级的虚职。焦源子名焦朔，成年之后亦从军效力，并因作战勇猛而受到朱元璋的赏识。焦竑曾作一首七律，题为《白沟河》："风烟莽莽白沟河，欲问奇功迹已磨。芦荻几家今若此，貔貅万灶夙曾过。承家我愧桓荣祖，破虏谁还马伏波。钟鼎空存人自远，耳孙无那泪滂沱。"在这首诗的题记中，焦竑写道："四世祖从大将军破胡于此，高皇帝亲为改名，进秩上都尉，语具家乘中。"

"家乘"即家谱，可见焦氏家谱中对这段祖先事迹有较为详细的记述，然而如今家谱已不可寻。所幸晚明南京人周晖在《续金陵琐事》中提到了这段"天子改名"的轶事。周晖曾为焦竑弟子，他对此事的了解当源于焦竑。据载，明太祖朱元璋为亲近大臣改名，在当时被视为异典。某日，太祖亲临奉天门，召旗手卫千户焦朔，赐名为庸，"此更是恩典之异也"。这段历史也被记载在旗手卫黄册之首。

焦朔不仅得到天子赐名，而且"进秩上都尉"。上都尉是古代的一种官号，从品秩上说是五品官，对应到明代武职，就是千户。当时卫所军官共分为三级，分别是指挥、千户、百户，皆为世袭。而千户又分正副，明初规定各卫所设正千户一员，正五品，副千户二员，从五品。焦庸得到的职位，应当是从五品的副千户。这比其父焦源的“校尉”地位已经提高很多。可以说，焦源、焦庸两代人以武功起家，奠定了金陵焦氏一支的基础。

焦庸去世后，子焦武袭职；焦武去世后，子焦昱袭职。焦昱生子焦文杰，字世英，即焦竑之父。

焦文杰是焦氏迁居金陵的第四代，生于弘治十六年(1503)，卒于万历十二年(1584)，享年八十二。三岁时，父母相继去世，焦文杰或依祖父母或伯父母长大。多年之后，焦竑成为状元，并与日照焦氏宗族取得了联系。他在给日照宗人的书信中回忆了父亲年幼时的艰辛生活，称正德、嘉靖之际，由于饥馑、瘟疫相继爆发，金陵焦氏一门凋谢，只剩焦文杰一人。当时焦文杰年幼孤立，不能赴日照省祭于宗族祠堂、墓地，从此便与山东焦氏断了联系。每念及此，一家人都相当羞愧。

焦竑的祖父辈死于饥疫，以及其父年幼时的困窘，都体现出这个军户家庭捉襟见肘的生存状态。那么，一个卫所副千户的薪俸到底有多少呢？按照当时的制度，从五品官员每月俸粮十四石，每年共一百六十八石。尽管看起来不少，但这只是个账面数字。实际上，明代文武官员的俸粮是由本色米、折银米、折绢米、折布米、折钞米等不同项目构成。就焦家而言，在每年一百六十八石的俸粮总额中，本色米只有十二石。另有约五十石为折钞米，折算成大明宝钞约一千贯。宝钞发行于洪武时期，但很快就由于滥发而导致贬值。明代中期以后，宝钞已没有实际使用价值，几乎与废纸无异。除本色米、折钞米之外，剩余的一百余石则为折银、折绢、折布米，通共计算，折银约三十八两。因此，一个副千户的实际收入，只有每月一石多仓米与三两左右白银。

然而焦文杰在父亲去世后，却不能立即袭职并领取薪俸。明初规定，卫所武职袭替，必须先经过骑射比试，初试年龄为二十岁，中试后方可食俸，相关程序由兵部掌管。因此在焦文杰真正成为副千户之前，家庭生活更为贫困。他与寡母相依为命，仅仅能够糊口而已。到了嘉靖元年(1522)，焦文杰年满二十，可以去兵部参加比试了，但前往北京的旅费却成了难题。这样的情况在明代南京军户家庭中并不鲜见。周晖在《金陵琐事》中就对武职袭替的不合理有过议论。为了筹集旅费,多数人家都要借贷,再用袭职后获得的俸粮来偿还。最后,数年之内的俸粮收入都落入放贷者的腰包,而军职之家一无所得。还有些人家借贷无门,甚至终身不得袭替。曾有地方官绅一再提议,南京武职袭替事宜可改由南京兵部掌管,这样就省去了往返南北两京的辛劳与费用。但实际情况却一直未能有所改观。日后焦竑为官时,也曾向兵部官员作此建言。作为一个副千户的后代,他对武职家庭的辛酸了解最深。

那么焦文杰最终是如何前往北京,完成袭替手续的呢?根据汪道昆(1524—1593)为其撰写的墓志铭,“大司寇周公具知人鉴,心壮之,授资以行,乃始得袭”(《明故武毅将军飞骑尉焦公墓志铭》)。“大司寇”指刑部尚书。根据明代南京刑部尚书年表,“周公”当为周伦。周伦,字伯明,苏州府昆山人,嘉靖四年(1525)由都察院右佥都御史改任南京,五年升都察院右副都御史,六年升南京工部右侍郎,本年改兵部右侍郎,七年升兵部左侍郎,本年升南京刑部尚书,任至嘉靖十二年。由于周伦自嘉靖五年之后才任官南京,如果汪道昆的记载准确,焦文杰获得资助前往北京也不会早于此时。也就是说,他完成袭替时,已年过二十五岁了。

在副千户这个职位上,焦文杰是尽职尽责的。据汪道昆所记:“故事,卫士以部卒戍钟鼓楼,保章以其徒属主漏刻,籍名而已,亡复谁何。公当戍,则以九鼎重地,声教系焉,藉令坐视陵夷,其何以耸观听?辄移文将作,葺而一新。部卒失伍,则以军法行罚,保章从属概毋贷。”(《明故武毅将军飞骑尉焦公墓志铭》)可见当时南京作为留都,尽管仍有钟鼓楼之戍卫以及钦天监人员掌管漏刻,但都是敷衍了事,有名无实。甚至连钟鼓楼圮坏失修,也无人问津。焦文杰却以“九鼎重地,声教系焉”,题请南京工部修葺钟鼓楼。对于玩忽职守的军士,则加以惩处,甚至对钦天监掌管漏刻之人员,也不纵容姑息。

焦文杰经历的另一大政治风波,是嘉靖三十九年发生的南京振武营兵变。振武营是在嘉靖倭乱局势最为紧张时,为加强南京周边防御力量而新建的军营,招募的士兵大多来自浙江。此前在嘉靖三十四年,有一小伙倭寇从浙江绍兴上虞登岸,一路洗劫浙、苏、皖三省,直逼南京城下。史载南京官兵遭遇的倭寇只有七十二人,结果双方对阵两天,明军方面死指挥二人、军士八九百,而倭寇七十二人虽然攻城不下,但却不伤一人,全身而退。此后在南京设立振武营,实属亡羊补牢,并未发挥作用。而倭警平息之后,振武营却不能解散,户部的军粮支出又平添许多。这就为此后的兵变埋下导火索。

嘉靖三十八年,江南遭荒,粮食歉收,市场上粮价大涨,米价涨至每石白银八钱。前文提到,卫所军士的月粮中,包含了本色米与折银米。其中折银米的折算比例,是每石算银四钱,远低于市场米价。马坤为南京户部尚书时,又奏减折色银,军中怨声载道。至嘉靖三十九年(1560),由于市场米价大涨,而军中发饷仍按照成例折算,二者差距更大,军士不满情绪愈发积聚。当时有人向户部提议恢复到每石折银四钱的旧额,也未有官员理会。加上户部侍郎黄懋官生性苛刻,各卫所军士领月粮时,一定要严查人数,发放月粮又拖延日期,终于导致哗变。军士先将黄侍郎的官府围住。黄某逃脱不及,被士兵抓住,当场殴死,其尸体被悬于大中桥牌坊上。军士们犹未解恨,一齐向黄懋官的尸身射箭发泄。次日,士兵们来到内守备厅,与守备及兵部官员谈判。兵部侍郎李遂说:“昨天的事我亲眼见到了,黄侍郎是在逃跑时翻墙摔死的,但是你们不应该侮辱他的尸体。”这就意味着,兵部不会追究军士杀死黄懋官一事。另外,李遂又向士兵们承诺,在向朝廷汇报此事时不用“叛”字,以免后者被定罪为叛军,他们提出的月粮原额等问题也一并得到解决。最后,户部又拿出四万两白银分给众人,一场大乱才得以平息。

此次南京振武营兵变震动朝野。作为旗手卫副千户,焦文杰自然不能置身事外。旗手卫的驻地就在城东,正是爆发兵变的核心地区。当时各卫所闻风而动,从者如流。而焦文杰却拼尽全力管束住自己麾下的兵士。他手按宝剑,对兵士们说:“国家养兵二百年,对尔曹不薄,现在却发生了兵变逆反之事。如果你们不听劝说而任意妄为,我必以这三尺之躯与他拼命。”就这样,焦文杰成功弹压住了手下士兵。

尽管焦文杰对朝廷忠心耿耿,为官兢兢业业,但他也清醒地意识到,武职人员终究是没有前途的,祖辈挣得的副千户一职,根本无法提高家族地位。中国古代一向重文轻武,朝政基本由文官把持。有明一代,武官的地位也不断下降。另一方面，由于兵部在袭替事宜上管理日渐松散，导致武职人员的数量不断增长。明初规定，各卫所设正千户一员，副千户二员。照此计算，南京四十九卫，共有正副千户一百四十七员。然而到了明末，仅旗手卫一卫，即有千户三十五人。在武官整体地位不高的情况下，群体规模的扩大只会导致其社会与经济地位的继续恶化。焦氏要想提高家族地位，惟有选择科举入仕这条道路。这一转型，就体现在焦文杰的下一代身上。

焦文杰共育有四子，长子焦瑞，次子焦靖，三子焦竑，四子焦皙。另有一女，后嫁给魏某，焦竑称其为“魏氏姊”。在焦文杰安排下，长子焦瑞最先走上了业儒之路。尽管焦瑞最终未能取得功名，但由于他学行卓著，地方史料中对其人其事多有记载。可以说，焦瑞为焦氏家族的身份转型奠定了重要的基础。

焦瑞，字伯贤，号镜川，幼习举业，聪慧勤奋，弱冠即入应天府学。成年后，以教书授徒自给。周晖称其“为人清正，动以古道自律。家虽甚贫，容貌词气，不见一毫贫窘之状。藉受徒为生计，然来请业者，既较其旷日旷月之殊，又视其讲解文词之进益，有终岁不受一钱者。门人虽众，束脩自少。家以屡空告，先生不恤也。其克志励行，苦于安贫，类如此”[①]。顾起元也赞其能持“师道”，“方严端正，不为苟合。课艺勉德，彬彬有条。经书性鉴，岁必一周。优劣劝惩，肃如朝典。以故士游其门，文行皆有可观。主人尊敬之如神明，少不合辄拂衣去”[②]。

焦瑞的一个特殊学生，就是弟弟焦竑。当焦竑开蒙之时，焦文杰即让焦瑞为其督课，且教导二人道：“当室之教，父为政，介弟之教，兄为政，故人乐有贤父兄。”(《明故武毅将军飞骑尉焦公墓志铭》)因此在兄弟之间，焦竑与长兄的关系尤为密切，在人格上受其影响也极大。可以说，焦瑞为弟弟们树立了良好的榜样，的确称得上“贤兄”。

焦瑞成家后，住在城北国子监旁边。当时与他交往最密切的，是李逢阳与黄尚质。他们三人比邻而居，每日谈论学问、过往交游，亲密无间。

---

① 周晖：《金陵琐事》卷三《不妄受束脩》，成文出版社，1983年版，第421—422页。

② 顾起元：《客座赘语》卷九《师法》，中华书局，1992年版，第286页。

李逢阳，字维明，南京金吾卫籍。李逢阳自幼端谨，不苟言笑，像个成年人。即使在大暑天，也衣冠齐整，正坐终日。他对金钱毫无兴趣，强调实践，不喜空谈。黄尚质，字宗商，别号龙岗。先世广东惠州府和平县人，明初徙实京师，始迁南京，隶籍南京水军左卫。黄尚质为人正直不阿，能坚持原则，不趋炎附势。焦、李、黄三人都是卫所军籍，家世背景相似、性情相投，笃朋友、敦行谊、功文学，在当时被视为三贤者。虽然尚无功名，但在南京士林中备受敬重。当时焦竑年纪尚幼，但他从乡里舆论中，已经对兄长及李、黄二人的名声有所感知，这对他日后的成长影响极深。

嘉靖三十七年(1558)，李逢阳与黄尚质都在江南乡试中中举，焦瑞依然榜上无名。四年后，黄尚质参加吏部铨选，成为四川剑州学正，也就是剑州州学的学官，首先离开了南京。李逢阳则于隆庆二年(1568)考中进士，成为户部主事。这时的焦瑞对于科举也渐渐失去了信心，决定以选贡生的身份参加吏部铨选。

所谓选贡生，是选取府、州、县学中才华优异者，升入国子监读书的制度。而成为国子监生，则意味着有资格进入仕途。一般而言，成为贡生的途径是按资历排队，由于贡生人数有限，因此有了“挨贡”这一说法。弘治年间，南京国子监祭酒章懋提请于常贡之外，令提学御史行选贡之法，不分廪膳、增广生员，通行考选，将学行兼优、年富力强、累试优等者选为贡生。这就增加了成为贡生的机会，也让那些累试不第的学子有了进入仕途的机会。然而贡生毕竟是科举考试中的失败者，他们的地位远不及正途出身的举人、进士。即使参加吏部铨选，也只能得到低级职位，或者被派往偏远地区。万历初年，焦瑞通过铨选得到灵山县令一职。

灵山县在广东省廉州府，在当时被视为天涯海角之地，丛林密布，盗匪聚集。然而对于地方官来说，此地天高皇帝远，小小知县便似一方诸侯，正可为所欲为。灵山盛产明珠、翠羽，地方官往往刻意搜刮，以各种方式谋取私利。焦瑞到任后，将前任所定之陋规尽数革除。当时广东地区一条鞭法已实行十余年，但灵山县却并不奉行，依然要百姓承担里甲供役。焦瑞实行条编改革后，地方百姓都觉得如获新生。灵山县原有牛税，一向作为县衙的日常经费。焦瑞将此项税收存于县库，平时吃穿用度，全以自己的月俸支付，从不动用官钱。灵山县还有熊胆、天竺、黄花石等土特产，上司不时索要，焦瑞皆严词拒绝。据称地方百姓怕焦瑞得罪上司而失职，纷纷表示原意输纳，而焦瑞却坚持己见。在其任内，从未擅取灵山一物。

由于灵山地区常有盗贼出没，焦瑞严抓武备，选取兵士，时时操练。为提高兵士的积极性，他悬银为靶，射中者则以银赏之。因此灵山县兵备得到加强，盗贼亦有所收敛。一次廉州府发生贼乱，知府派推官刘某前往缴贼，却被贼众活捉，欲杀之。焦瑞闻信后率领兵士前往救援，贼匪头目见到焦瑞，竟对部下说，这是真正的好父母官，不能与他为难，于是率领众人撤退。焦瑞不仅救出了刘推官，其兵士还俘获多名贼匪。但由于焦瑞从不讨好上司，知府厌其为人，故不为其报功请奖。

焦瑞任灵山知县之前，该地举业不兴，士子疲怠，疏于课业。焦瑞在南京时，就以教书为生，授徒有方。任灵山县令之后，更着意整顿县学，亲自督课，日夜不倦。每到月试时，对表现优异的生员加以奖励，于是灵山士子们也日益振奋，学风为之一变。

尽管焦瑞在灵山任上做得有声有色，但其俸禄微薄，又为官清廉，无法改善家庭的经济状况。有人见焦瑞虽食官俸，却不能给家中补贴半分，便向焦文杰嘲讽道："当官拿俸禄，不为别的，就是要赡养父母，让祖宗脸上有光。你的大儿子连这些都做不到，做官又是为什么呢？"焦文杰义正严词地答道："我能承袭武职，每月领到俸米，衣食自给，已经非常幸运了。谁都知道，当今的官员俸禄微薄，不足以养廉，能够公而忘私，才是为人臣者应有的品德。就算我老悖无能，也不能把他从正道拉到邪道上！"

焦瑞任灵山县令的时间不长。据万斯同编撰的《明史·循吏传》记载，当时张居正独揽朝政，征收赋税相当严苛。附近郡县官员为争取政绩，派手下下乡催征，道路上处处可以见到身着黑衣的胥吏。焦瑞感叹道："我怎么忍心用老百姓的性命来求取自己的官职呢？"于是以病疾为由辞官。回乡时，囊中只有白银八两，这还是以前训练兵士射箭时当作靶子用的。但当时焦瑞已经身染重疾，还未回到南京，便卒于途中。

焦瑞只有两个女儿，没有儿子。他对女儿们相当怜爱，又为人谨慎，故在择婿一事上费尽心机。一个女儿嫁给李仲良子李应时(1557—1598)。李应时，字维中，先世浙江黄岩县人，洪武初隶籍水军右卫，始移家金陵。李仲良是焦瑞的好友,于是两人便定下儿女亲。李家也是军籍,但家庭经济条件比焦家富厚许多。李应时年幼时,也曾习儒业,就拜了焦瑞为师,日日在焦家读书。除举业之外,对于史传杂记也泛览精研,相当刻苦。这也是焦瑞喜欢这个孩子的原因。李应时成年之后,由于父母年老,无力管理家中产业,便放弃科举之路,接管家政。但他还是花钱买了个国子监生的身份。由于焦瑞去世较早,李应时和焦竑的交往时间相对更长,两人一直关系融洽。焦瑞的另一个女儿,则嫁给了他的好朋友黄尚质的儿子黄应仕。黄尚质以举人入仕,最终官至江西饶州府通判。但黄应仕似乎在举业上无甚作为,仅仅是个生员。

焦瑞病逝后,科举入仕、光耀门楣的任务便落在焦竑身上。焦文杰大概在七十多岁时卸去副千户,由次子焦靖袭职。那时焦竑已经中举,并且成了家。尽管焦家的日子依然相对清贫,但焦竑还是给这个家庭带来了更多希望。

焦竑很早就在学业上显示出天分,这点和长兄焦瑞十分相似。嘉靖三十五年(1556),年仅十六岁的焦竑应童生试,"督学赵公大奇讶之,毗陵方山薛公见其文,爽然称异"[①]。"督学赵公"即赵镗,字仲声,号方泉,浙江江山人。赵镗为嘉靖二十六年(1547)进士,由河南道御史改应天巡按。嘉靖三十一年四月,由于南直隶督学御史缺员,朝廷便命应天巡抚赵镗兼任该职。当年即为江南乡试之年,来南京参加考试者的举子不下万人。面对各种请托、拉关系之人,赵镗一概拒绝,不为所动,可见其为人之正派。

当然,如果焦竑的文章仅仅是受到一个正派官员的赞赏,并无甚稀奇。赵镗真正过人之处,在于他能慧眼识英。作为督学御史,赵镗要巡视各处学校,并对士子的文章做出考评。他出的考题,都相当新颖,让人无法预测。而曾受到赵镗赞赏并评定为优等的生员中,就包括了吴县申时行、歙县许国与太仓王锡爵。这三人在后来都成了内阁大学士,其中申时行与王锡爵还是首辅。其他日后在京城与地方上为官,成就斐然的士子,

① 过庭训:《本朝分省人物考》卷十三《南直隶应天府三·焦竑》,《续修四库全书》史部,第533册,上海古籍出版社,2002年版,第294页。

更不胜枚举。时人评价说,督学御史得人才之多,没有比得上赵镗的。“方山薛公”为薛应旂,字仲常,武进人。薛应旂为嘉靖十四年(1535)进士,曾主讲九江白鹿书院,后迁南京户部考功郎中。因此,焦竑在十六岁时所作的文章就得到赵、薛二人的称赞,这无疑是对他才华的极大肯定。

焦竑于嘉靖四十一年成婚,时年二十二岁。他的第一任妻子朱氏,为耆儒朱鼎第三女,与焦竑年岁相仿。两年后,焦竑乡试中举,成为金陵焦氏第一个真正获得科举功名的后代。然而从举人到进士之路却特别漫长,焦竑共参加了九次会试,直到万历十七年(1589)己丑科一战成名,高中状元。当时他已年及半百(图一)。

图一　位于日照焦竑状元坊中焦竑像

在吴敬梓的小说《儒林外史》中,范进中举前后的境遇有着天壤之别。中举之前,家人连饭都吃不饱,作为屠户的老丈人也时时骂他。中举之后,却突然成了贵人,有许多人来奉承,“有送田产的,有送店房的,还有那些破落户,两口子来投身为仆图荫庇的”[①]。但这只是小说中的情节。对于要走科举入仕之路的士人而言,举人身份只是一个过渡,考中进士才是了局。因此焦竑中举之后,依然是一介寒士。与此同时,随着父母年高,还要承担更多的赡养责任。他的妻子朱氏,则替他分担了很多压力。

焦竑日后在给朱氏撰写的墓志铭中回忆,当年自己常常为家境贫寒,

① 吴敬梓:《儒林外史(汇校汇评)》,李汉秋辑校,上海古籍出版社,2010年版,第45页。

无以奉养双亲而烦恼。朱氏则宽慰他说:“你将来必定会飞黄腾达,现在不必为这些小事挂心。”家里开支拮据时,朱氏就把自己的嫁妆和私房钱拿出来,从不吝啬。焦竑之母体弱多病,但她不信医药,却喜祭祀神佛以求福。每年祈请报赛,必要四五次,所费不赀。有时家中无钱,朱氏便典卖自己的首饰换钱,让婆婆了却心愿。别人都说在求神拜佛这种事上花钱根本毫无意义,朱氏却回答道:“能让母亲开颜欢笑,这就是最大的意义。”

隆庆五年(1571)冬,焦竑母病重。时人称“痰疾”,可能是肺炎。这是朱氏嫁入焦家的第十年,当时她已育有二子二女。这一年也是辛未科会试之年,当年初春,焦竑第三次前往北京赶考,再次落榜。回到南京后,他与妻子日夜照料母亲,衣不解带。每当母亲急剧咳嗽、呼吸困难时,夫妇二人便将其扶起喝些茶水,使其气息平静。而这样的反复照料,一夜之间往往有数十次之多。连焦母也感叹,儿子照顾母亲,固然义不容辞,但让儿媳妇这样劳碌,心中十分过意不去。朱氏却宽慰焦母说,媳妇能够侍奉婆婆,这是幸运的事,怎么会觉得辛苦呢?

尽管焦竑夫妇俩尽心照料,焦母还是在隆庆六年去世了,这令朱氏悲痛不已。也许是生活过于操劳,加之婚后连续生养,朱氏的身体状况也日益恶化。她于万历二年(1574)十一月二十日病逝,年仅三十六岁。

焦竑的母亲和妻子相继去世后,家中便没了女性。而他的四个孩子年纪还小,必须有母亲照料。加上焦竑时时求学出游,或前往北京参加会试,在家的时间并不多,家中一切也需人打点。于是焦文杰急切地为儿子物色继妻。很快,他就看中了武举赵琦的次女。万历三年冬,焦竑迎娶赵氏过门。

赵氏与焦竑的年纪相差了十五六岁,嫁入焦家时,年方二十。当时公公焦文杰已年过七旬,焦竑前妻又留下四个孩子,可谓上有老、下有小,其艰辛可想而知。在焦家,赵氏恪尽妇道,对公公甚为恭敬,早晚伺候起居,悉心照料其三餐饮食。焦文杰对这个儿媳妇也相当满意。每当焦竑在北上会试或外出之前,对老父亲表现出不放心或心存犹豫时,焦文杰总是宽慰说:“有新妇在家,不必担忧。”赵氏在焦家侍奉公公十年,焦文杰去世前,她亦是日夜照料,毫无怨言。

赵氏与焦竑育有一子二女。在焦竑看来,赵氏是相当能干的。每当时祀，以及先人与前妻朱氏忌日，赵氏都亲自操办所有祭品酒馔，从不委以他人。与朱氏相比，赵氏操持家事或许更为辛苦，但她终于等到了丈夫科举成功。焦竑五十岁时成为状元，当时赵氏三十四岁。此后十年，焦竑在京城为官。赵氏是否携带子女同往京城，我们不得而知。不过此时焦家已有七个孩子，一同前往京城的可能性不大。焦竑于万历二十五年（1597）担任应天府乡试副主考时，他的两个儿子都遵守回避制度而未入场考试。由此推测，这两个儿子肯定是跟随父亲去了北京，而且成为国子监生。北京，可以参加应天府乡试。这是很多江南家族采取的考试策略。至于其他子女，大概还生活在南京。焦竑在赵氏的墓志铭中曾写道，某次赵氏的一位中表亲要她带话给焦竑，要其帮忙请托，被赵氏严词拒绝。那位中表亲不满地抱怨："做官之人，都对自己的妻子儿女格外照顾，像这样算什么？"赵氏却笑答说："你只知道位高禄厚之人是如何照顾妻子儿女的，贫寒夫妻间的相互照顾，却并非你所想像的那样。"焦竑的姐姐听到赵氏这番话语，甚为欣赏。从这段记述中可知，当时赵氏仍在南京，而且似乎与焦竑的姐姐生活在一起。从焦竑长姐对两位弟媳的了解程度来看，这位"魏氏姊"极有可能早寡，于是回到娘家，与父亲和弟弟生活在一起。焦竑在京城为官期间，也可能是靠这两位女性在家中打点一切。

焦竑六十岁辞官回乡。八年后，赵氏卒，时年五十二。焦竑的姐姐曾对朱氏与赵氏评价道："两安人为人，事舅姑，其孝同；多能而易解，见事本末，其敏同；黾勉有无，一以劳自力，而奉夫子于学，其勤苦同；敝衣粝食，竟其身无所芬华，其俭同；户履常满，倾筐到庋，穷日夕不厌，其礼贤同。顾一度胜，一识胜；一未学而耽儒术，一无疾而综养生；一亟于课子而宽于驭人，一妪煦于子女而束湿于臧获，此为异耳。"[①] 可见焦竑的两任妻子都孝顺、聪敏、勤俭、识大体。然而朱氏更为大度，赵氏更具见识。朱氏为耆儒之女，虽未受过教育但敬重儒学；赵氏为军户出身，更会自我保养。朱氏对子女督课甚严，但对身边人却极为和蔼。而赵氏更为宠溺子女，对下

---

① 焦竑：《亡室朱赵两安人合葬墓志铭》，《焦氏澹园续集》卷十五《墓志铭》，《四库禁燬书丛刊》集部，第62册，北京出版社，1997年版，第112页。

人则相对严苛。焦竑认为，魏氏姊的评价是相当客观的。

赵氏去世时，焦竑已经是六十八岁的老人。尽管子女都已成人，但缺少妻子的陪伴，依然相当孤独。他曾感慨道："世上的特立独行之士，不与世道人情妥协，而能一生坚持已见，这样的情况并不少见。但这些人背后必然有优秀的女性相扶持，为他解忧疏困。我不敢自称为特立独行之士，但日渐衰老颓废，已时日无多。前后两位妻子，都不能陪我到生命的最后一刻，让我如何不感到悲哀呢？"

焦竑有三子四女。长子焦尊生，次子焦周，为朱氏所生；三子焦润生，为赵氏所生。朱、赵二妻又各生二女。其中焦尊生与焦周是最有希望传承家学的，可惜都英年早逝。

焦尊生，字茂直，能诗，善真行书。焦尊生与"公安三袁"——袁宗道、袁宏道、袁中道——都有所交往，与袁中道交情最深。万历二十三年（1595），袁中道游江南，在南京与焦尊生相识。焦尊生在秦淮河边的流波馆设宴招待袁中道，后者有诗记曰："未面已相识，对谭岂不欢。只愁缘渐熟，又使别时难。"（《焦茂直偕数人饮流波馆中时已有别意》）焦尊生为诸生，累试不利。万历二十五年成为选贡生，当时焦竑正在京城为官。但他并没有像伯父焦瑞那样马上参加吏部铨选。或许他还对自己的科举之路抱有希望，这也一定是焦竑对他的期许。

然而万历三十七年袁中道再次来到南京时，得知好友焦尊生已经病逝。他写下《哭茂直焦二兄十首》，其中之一写道："好学谁能似，光阴惜转丸。锐床成夙志，粹掌戒偷安。魂去谁招得，书存欲继难。应为八法死，不遇五灵丹。"可见焦尊生的勤奋，以及时人对其早逝的惋惜。万历四十二年，袁中道又听刘三府说起他在南京与焦尊生交往的旧事。刘称焦尊生极孝友，又说他往年在金陵拜访焦竑时，焦竑对其说："今日偶检亡儿所阅《左史》《汉书》，细细批阅，大有意见。"焦竑口中的"亡儿"，就是尊生。[①]

焦竑次子焦周，字茂潜，万历二十八年举人。这是焦竑辞官归乡的第二年，可以想见，焦周中举对当时心情低落的焦竑而言必定是极大的安

① 袁中道：《珂雪斋集·外集》卷九《游居柿录》，《续修四库全书》集部，第1376册，上海古籍出版社，2002年版，第343页。

慰。据载，焦周天资聪颖，五岁即可背诵《国风》。当年袁宏道任吴县县令时，焦周曾前去拜访。袁宏道对他的评价是：颇有高识，其意气凌厉，一世殆难为敌。然而焦周亦于万历三十三年（1605）去世。二子的相继离去，对焦家打击极大。

三子焦润生，字茂慈，号随园，诸生。润生曾在焦竑的安排下拜黄汝亨为师，又有家学渊源，其文章学问都得到时人认可。可惜焦润生在科举功名上依然无所收获。在兄弟三人中，只有润生侍奉父亲终老。焦竑去世后，润生以父荫授南京詹事府主事，升太常寺典簿。后因能力卓著，升任云南曲靖知府。焦润生死于南明永历元年，即清顺治四年（1647）。据《明史·忠义传》和《金陵通传》记载，润生任云南曲靖知府间，遇孙可望围城，被俘后，润生拒不受降，最终不屈而死。

至于焦竑的四个女儿，史料记载极少。只知道她们分别嫁给杨楷、梁子固、王镜、欧阳晔，四人皆为生员。

概言之，焦竑的家庭背景在很大程度上反映了明代南京的城市社会特征。焦家来自山东日照，明初以军籍迁入南京，成为南京居民。这是洪武时期“徙实京师”政策的结果。其祖辈依靠军功获得卫所副千户的职务，完成了家族的第一次社会上行流动。然而在重文轻武的社会中，军职有其局限性，社会与经济地位都相对低下。家族的进一步发展，必须通过科举入仕这条道路。金陵焦氏第二次转型的完成，则是在焦瑞、焦竑这一代。而转型的过程也是漫长而艰难的。

军户的家庭背景，也影响着焦瑞、焦竑的社会交往。我们已经看到，他们的很多好友都是南京卫所军籍。焦瑞的两个女婿，都来自军户家庭。焦竑的第二任妻子，是武举赵琦的次女。这一社交特征，在焦竑的诗文集中也有大量表现。

家庭对焦竑的影响，还体现在人格培养上。尽管焦文杰幼年失怙，但他似乎也受过一定的教育。焦瑞、焦竑走上业儒之路后，焦文杰无法亲自指导他们的课业，但时时以古今贤哲事迹与至理名言来勉励二人，希望他们坚守儒士的道德标准。他曾对二子说：“儒有席上之珍，犹之韫玉，务守纯白，卒以无暇。”“儒有席上之珍”典出《礼记·儒行》，原文为“儒有席上之珍以待聘，夙夜强学以待问，怀忠信以待举，力行以待取”。“席上之珍”比喻至美的义理与人才。焦文杰希望儿子们能够发挥才华，同时保持人格的完美。对于这一理想的追求，使得焦瑞、焦竑二人皆能安贫乐道，以清高自持。

此外，焦竑父母对佛教的崇信，也潜移默化地影响着焦竑。前文提到，焦竑母亲体弱多病，但不信医药，却喜祭祀神佛求福。每年祈请报赛，必要四五次，所费不赀。其父焦文杰到了晚年，也不再过问家事，一心向佛。他喜欢与僧人交往，听他们谈论佛经，向往极乐世界。为了参悟佛法，焦文杰特意前往庐山。他在那里见到了僧人大安，并在寺庙中住了一百天。大安是当时有名的禅师，在他的指点下，焦文杰也有所感悟，曾在睡梦中见到了大光明顶。据说他临终前也是合掌举佛号，平静地离开人世。因此，焦竑对于佛教也抱有极大兴趣，并且体现在他的理学思想中。

第二章　入仕之前

焦竑自幼读书勤奋，深知自己所承担的家族责任。其日后在给日照宗人的信件中写道："某自髫年发愤向学，岂第为世俗梯荣计？实吾父督教甚严，不忍怠弃，欲因之稍稍树立，不愧家声耳。巍科清秩，梦想不到。一旦得之，皆我先世祖宗之积德，我父母之教督，非某一人力也。"（《与日照宗人》）尽管焦竑说其读书的目的不是为了"世俗梯荣"，而是为了实现父亲的期许、光耀门楣，然而一旦走上了这条道路，就无法真正做到清心淡泊。毕竟科举入仕，就是士人的成功标准，也是登上成功阶梯的唯一途径。这条道路的艰辛，也令人对它的回报有更多期许。像焦竑这样的士子，其实是时时处于矛盾之中的。

焦竑年少即有文名，后又拜师于耿定向，受其提携极多。他学识广博、思想活跃、交游极广，具有一个成功学者的必要条件。然而在科举考试上，焦竑却并不顺利。其入仕之前的坎坷经历与复杂心态，是当时文人阶层的生动写照。

嘉靖三十四年（1555），十六岁的焦竑成为应天府学生。明清之际，府学、州学与县学是在全国府、州、县衙门所在地设立的一种官办学校。明代应天府下辖八县，各县均应设置县学。但由于上元、江宁二县为附郭县，故不再另外设立县学，而是将学生并入应天府学。

应天府学的基址在古浮桥之东北，其历史可以追溯到北宋时期的县学，后为元代路学。明初曾以其地为太学，新国子监建成之后则改为府学。应天府学的规模并不大，府学中有一堂四斋，因为上元、江宁二县不设县学，所以在府学中又增设了二斋，变为一堂六斋的规模。当时地方学校中的"堂"，一般都称明伦堂，但在应天府学中却称明德堂（图二）。而儒学棂星门以及门外华表，皆是元代儒学的遗存。

图二 现今南京夫子庙内的明德堂

府、州、县学每年招生一次，考生有两大来源：一是民间俊秀，二是官员子弟。至于每年招生的名额，国家也有明确规定：在京府学六十人，在外府学四十人，州学三十人，县学二十人。国家对这些生员“日给廪膳，听于民间选补，仍免其家差徭二丁”[①]。也就是说，府州县学生享受津贴，且有徭役优免，故称为廪膳生或廪生。照此规定，合并了上元、江宁二县学的应天府学，当有廪膳生一百名。

洪武二十年(1387)后，由于入学需求增大，各级儒学开始招收增广生员。增广生不享受廪膳，原无人数限定。直至宣德三年(1428)，始定在京府学为六十人，县学二十人，与廪膳生人数相同，这就使应天府学人数增加了一倍。嘉靖三年(1524)，又令增应天府学廪膳、增广生员各二十名，使府学总人数达到二百四十名。

尽管应天府学生员人数不少，但整个师资队伍只设教授一人、训导四人，共五人。这也就意味着，教授、训导基本无法对每位学生进行深入指导。在焦竑入学的那一年，应天府学的教授也刚刚换任。新来的教授是刚从松阳县令任上调至南京的王铣(1504—1590)。王铣，字重之，号春沂，他对焦竑相当器重，而焦竑也对这位老师深怀感恩。王铣去世后，焦竑为其撰写了墓志铭，其中记道：“先生适以松阳令改学博士至。群诸弟子试之，拔俊茂四十余人，督之加严，每一义出，必细为窜定，至午夜不

① 申时行：《大明会典》卷七十八《礼部三十六·学校·儒学》，《续修四库全书》史部，第790册，上海古籍出版社，2002年版，第410页。

休。或片语有当，嘉叹再四，津津若有味乎其言也。稍倦，时出酒蔌相劳苦。由是人人自奋，惟恐不当先生意者。是时也，凡属先生所赏识，率强半登上第。”(《福建漳州府通判春沂王先生墓志铭》)

可见王铣的做法，是从二百四十名府学生中挑选出优秀者四十余人，亲自指导。对于一位府学教授而言，这大概也是工作量的极限了。在这四十余人的“精英班”中，焦竑结交了四位好友：吴自新、张维德、李鼎卿与金光初。他们年龄相仿，志趣相投，可谓“总角之交”，友谊将维持一生。其中吴自新，字伯恒，江宁人。他与焦竑在入府学之前便已相识。焦竑曾这样描述两人的早年交往：“始我少年，与君往还。于时嘉靖寅卯之间，冶城长干，青灯夜阑，课书弹艺，无隐弗殚。乡书并登，殖学弥力，共被同行，旁观啧啧。”(《祭吴伯恒》)焦竑与金光初的关系也相当特殊。焦竑的第一任妻子是朱氏。而日后金光初续弦时，娶的正是朱氏的妹妹。因此两人从朋友又变为连襟，格外亲密。在焦竑的府学同学中，还有顾国辅(1538—1594)，即顾起元的父亲，因此焦家与顾家也算有通家之谊。

然而在当时的教育模式下，进入地方学校，成为生员，最大的意义在于获得了参加乡试的资格。由于生员规模与学校师资严重失衡，学校对于生员的实际教育相当有限。像王铣这样的府学教授，已属难得。一般而言，地方学校的生员只在县令到任、考课或岁时祭孔时才一至学校。更多时候，士子们要靠自学与交游来提高学业水平，焦竑自然也不例外。

这一时期，焦竑结识的一位重要人物是沈启原(1526—1591)。沈启原，字道初，别号霓川，一号存石，浙江秀水人。他是嘉靖二十五年(1547)举人，三十八年进士，历任南京工部屯田司员外郎、郎中，四川布政司参议，陕西按察司副使。著名的晚明笔记史料《万历野获编》，就是沈启原孙沈德符所作。

焦、沈二人如何结识，不得而知，时间当在沈启原任官南京之时。据沈德符记载，焦竑与其祖父相知最深，每年都要去嘉兴沈府的藏书楼抄阅图书。焦竑要从南京前往浙江秀水抄阅图书，一个主要原因当然是因为家境贫寒，无法大量购买书籍。而沈启原藏书丰富，且愿意与朋友分享这一资源，则是另一重要因素。据焦竑回忆，沈启原一生对珍玩货瑶、声色犬马，皆无丝毫兴趣，所好者唯有图书。“上自金匮石室[①]之藏，以至古今集，悉购无遗。”（《陕西按察司副使霓川沈先生行状》）若自己的藏书中有缺损部分，沈启原都要想方设法向别的藏书家借来全本，一定要誊抄补全。沈家原有书楼三楹，后因为沈启原藏书越来越多，书楼不能容纳，便又建一楼，名“芳润楼”。藏书楼中窗明几净，沈氏在其中悠然翻阅，手不停披，废寝忘食。此外，沈启原收藏书籍，不像别人追求宋元善本。他对书籍的要求只是纸版精明，能方便自己与朋友阅览，没有太多功利目的。当然，如果有人送书于他，也是最令沈启原高兴之事。焦竑的刻苦勤奋，显然令沈启原大为赞赏；而沈启原好书藏书，并乐于分享，也使焦竑这样的寒门士子受益良多。日后焦竑也以藏书家而闻名，沈启原对他的影响应当很大。通过沈启原，焦竑还结识了其弟沈启南，二人之间的友谊也延续了四十余年。

沈启原对焦竑的另一次提携，则在嘉靖四十三年（1564）的江南乡试。前文提到，焦竑的大哥成为府学生员之后，屡踬乡试。最后自己的好朋友们都有了功名，自己仍一无所获，只能以选贡生的身份参加吏部铨选，成为灵山县令。相比之下，焦竑的运气稍好，在二十五岁时即考中举人。而在当年的江南乡试中，沈启原刚好是同考官。

沈启原为何能成为乡试考官呢？原来，明代乡试考官，包括主考官二人、同考官四人。其中主考官负责出题、审定试卷、决定去取、核定名次，并负责将取中的举人名单连同其试卷一并奏报皇帝。同考官则协助主考官出题、阅卷。永乐以后，应天府乡试主考官多出自翰林院。而乡试中的同考官，则为地方教官，也就是像王铣那样的府学教授，或州学学政、县学教谕。嘉靖六年，经吏部与礼部会同商议，于两京六科部署等官内访举同考官。在“五经”中，每经设一名，随考试官入场，其余同考官仍用地方教官。于是乡试同考官的规模有所扩大，开始有低级京官参与。

据沈德符记载，祖父沈启原当时任南京工部郎中，被选为“书经”的同考官。众所周知，古代科举考试的核心内容是“四书五经”。乡试共分三场，其中最重要的第一场，就是围绕“四书五经”出题。试题之中，三道与

① 金匮石室，指古代国家秘藏重要文书的地方。

“四书”相关，四道与“五经”相关，而考生可以自行选择“五经”中的一经来答题。（图三）当时焦竑选择的是“书经”，即《春秋》，而沈启原恰好是“书经”一房的同考官。沈启原对焦竑的文章风格十分熟悉，不仅将其选中，而且想要拔为首卷。然而主考官却更欣赏吴江人沈位。最终将沈位定为解元，也就是乡试头名，焦竑稍居其后。从当时的考试制度来看，沈启原这样做是有作弊嫌疑的。但是沈德符在《万历野获编》中披露这段往事时，焦竑已经成为状元，名重天下。因此，沈启原对焦竑的私心非但无错，反而能体现出其慧眼识才。这科乡试中，与焦竑一同中举的，还有他的好朋友吴自新。

图三　江南贡院旧影

而对焦竑的人生影响更大的，则是耿定向（1524—1596）。耿定向，字在伦，号楚侗，人称“天台先生”，湖广黄州府黄安县人，是明代著名的理学家。耿定向为嘉靖三十五年（1556）进士，除行人。行人是专管传旨、册封等事的专职使者。后被擢升为监察御史。当时严嵩父子窃政，吏部尚书吴鹏附之。耿定向上疏弹劾吴鹏，指出吴鹏的女婿、翰林学士董份为会试主考官时，对吴鹏之子吴绍存有私心，考试结果不公。但由于严嵩等人袒护吴鹏，此事不了了之。嘉靖四十一年冬，耿定向被任命为南直隶提学御史，来到南京。

明代的提督学官，始设于正统元年（1436）。当年奏准，各处添设按察司副使或佥事一员，南北直隶监察御史各一员，专门提督学校。景泰元年（1450）曾革罢提学官，天顺六年（1462）复设。南直隶提学御史的主要职责，是对各府、州、县儒学的教学情况、师生行为、生员人数、廪膳发放、学校修葺等事务进行定期考察。由于其驻地在南京，因此对于应天府学当然关注更多。事实上，当时府学教学与管理皆比较松散，府学教授除了指导学生外，并没有行政上的实权。真正对应天府学实行监管的，一为南直隶提学御史，二为应天府尹。

耿定向为南直隶提学御史时，没有因为自己已经功成名就，就轻视府学里的生员们。他循循善诱，并选择一些才行兼优之士，收至门下。甚至对于民间社学，他也有所关注。一时南都家弦户诵，彬彬成风。此后，南直隶十四郡，学风更兴。当时还是府学生的焦竑很快就吸引了耿定向的注意。他向焦竑传授"良知之学"，把他引入王阳明心学殿堂。耿定向还将焦竑引荐给时任南京刑部郎中的史桂芳。史桂芳，字景实，号惺堂。他是陈献章的再传弟子，属于白沙学派。后来与泰州学派的罗汝芳、耿定向交往，讲心性之学。史桂芳强调"知耻""改过迁善"，重视师友的帮助。后来焦竑回忆："余弱冠为弟子员时，耿师以督学至，闻余资稍近，托史惺堂先生委屈接引之。"(《崇正堂答问》)史桂芳是苦行持修之人，然而每次见到焦竑，只和他谈举业。后来渐渐熟悉了，则教导他修身平天下的道理，却从来不和别人谈论理学。某次众人同座，有位来自婺源的文士，名叫詹一麟，问《论语》中"朝闻道，夕死可矣"该如何理解。史桂芳却说："我们这些当官的，满身俗骨头，怎么敢妄称'闻道'呢?"这体现出史桂芳对"道"的敬畏，给焦竑留下了深刻的印象，使他日后回想起来，也常为之愧汗。

耿定督学南直隶时的另一重要举措，就是建立崇正书院，延请四方来学之士讲学于此。而焦竑也是因为这一契机而逐渐融入泰州学派，并最终成为理学大家。要理解这层关系，首先需对明代的书院和讲学有所了解。

书院是自唐代以来逐步发展成熟的一种文化机构。与官办的国子监、府学不同，书院是私人讲学之所，强调论辩发难，倡导自由地研究学问。南京在北宋中期就有了书院，其中较为著名的是茅山书院。据至正《金陵新志》记载，天圣二年(1024)，知府王随奏"处士侯仲遗于茅山营葺书院，教授生徒，积十余年，自营粮食。望于茅山斋粮所剩庄田给三顷，充书院赡用"。茅山书院是北宋时期全国著名的书院之一，与湖南衡阳的石鼓书院、长沙岳麓书院、江西庐山的白鹿洞书院、河南商丘的应天书院等齐名，可惜未能得到很好的保护和传承。知府王随去世后，书院失去经费来源，逐渐荒废，至庆历年间(1041—1048)全部废弃。

延至南宋，茅山书院曾几经修复、移址，后来有一个叫刘宰的人在茅山下重建书院，仍沿用茅山书院名称，后又废弃。再如南宋时期比较著名的南轩书院，旧在天禧寺，因张栻(1133—1180)读书于此而得名。真德秀(1178—1235)为转运使时，立祠祀之，后废。淳祐、咸淳间屡复，但至明代业已无存。

明中后期，南京又修复、新建了一批书院。其中历史最久的是明道书院。该书院基址在镇淮桥东北，始建于南宋淳熙初年，原为祭祀明道先生程颢(1032—1085)所创。至元时，明道书院废圮。嘉靖初，御史卢焕在原址恢复明道书院，并以其地祀明道先生。后有御史刘隅、章衮增饰。但此时的明道书院仅为祭祀程颢之场所，讲学的功能已不复存在。

嘉靖之后，推动南京书院复兴的关键人物是湛若水(1466—1560)。湛若水，字元明，广东增城人，著名思想家、理学家。嘉靖三年(1524)，湛若水任南京国子监祭酒，八年官南京吏部侍郎，十二年升南京礼部尚书，十五年改南吏部尚书，十八年改南兵部尚书，次年致仕。湛若水早年就拜新会县名儒陈献章为师，成为白沙学派的衣钵传人。此后，湛若水在陈献章思想的基础上，提出“随处体认天理”，又自成一家，创建甘泉学派，门人众多。湛若水的思想与王守仁有所不同，其讲学几与王守仁齐名，时人称“王湛”。尤其是嘉靖六年之后，王守仁任南京兵部尚书，二人同在南都，相互应和，最是盛事。黄宗羲在《明儒学案》中就评论道：“王、湛两家，各立宗旨，湛氏门人，虽不及王氏之盛，然当时学于湛者，或卒业于王，学于王者，或卒业于湛，亦犹朱、陆之门下，递相出入也。”

湛若水在南京任官时间较长。他不仅热衷于讲学，还大力兴复书院。从他任南京吏部侍郎时，就有四方之士追随他讲道授业，人数不断增加。于是湛若水便创建了一座书院，命名为新泉精舍。该书院由卒业于南京国子监的溧阳县绅士史际用斋舍改建而成，并捐学田二百亩，作为书院经费。因施工时掘地得泉，遂名“新泉”。至湛若水任南京礼部尚书时，他又创办了新江书院。新江书院位于江浦南门外，原为祭祀江浦著名学者庄咏而建，但喜好讲学的湛若水也以此为同志聚会谈道之所。

那么，所谓的讲学，究竟是讲什么呢？其实就是义理之学，即理学，或称道学，是宋元明时期儒家思想学说的通称。理学分两派，一派为“程朱理学”，以宋代程颢、程颐、朱熹为代表，强调“理”高于一切；另一派称“陆王心学”，以宋代陆九渊、明代王守仁为代表，强调“心”是宇宙万物的主宰。王守仁的学说，是明代影响最大的哲学思想，也是中晚明思想界的主流。他的弟子们在传承王学的基础上，又各自有所发明，形成不同的门派，其中最重要的一支，便是泰州学派。

泰州学派的创始人是王守仁的弟子王艮（1483—1541），字汝止，号心斋。由于他是泰州人，所以这一派被称为泰州学派。黄宗羲在《明儒学案》一书中，将罗汝芳、杨起元、耿定向、耿定理、焦竑、潘士藻、方学渐、祝世禄、周汝登等归为泰州一脉。其中耿定向与焦竑的关系，就建立于前者任南畿学政之时。焦竑曾说：“向来论学，都无头脑，吾师耿先生至金陵，首倡识仁之宗。其时参求讨论，皆于仁上用力。久之，领会者渐多。吾辈至今稍知向方者，皆吾师之功也。”（《崇正堂答问》）

通过耿定向，焦竑又结识了其弟耿定理。耿定理，字子庸，号楚倥，耿定向仲弟。他年少时读书不成，时遭父亲责备，常独行空谷中，忧愤难解。有人问他为何如此，耿定理回答道：“我就是想不明白，像个睁眼瞎。”为了参悟义理，耿定理常静坐一室，终岁不出，或求友访道，累月忘归。后来他通过与方湛一、郑豁渠、何心隐的讨论，终于有所感悟，自觉不再是睁眼瞎。耿定向曾说，他的思想也受到耿定理的启发。尤其是耿定理认为，圣贤千经万典，但关键的话并不多，只要把握住要语，就能明白义理。当耿定向问他何为要语时，定理回答道：“喜怒哀乐之未发，谓之中”[①]一句最为紧要。这对耿定向启发极大，令他有豁然开悟之感。

耿定向官南都时，耿定理也来到金陵。当时他刚从孔孟之乡曲阜游学归来，若有所得。在南京，耿定理与焦竑、吴自新、杨希淳等热烈地讨论学问，打得火热。吴自新是焦竑的府学同学，前文已提及。杨希淳亦是南京有名

① 该句出自《中庸》，原文为“喜怒哀乐之未发，谓之中。发而皆中节，谓之和。”这段话对宋儒产生过很大影响，提供了理学与禅宗打通的可能性。徐复观认为：“宋儒，尤其是程朱，虽辟佛甚力，但在中和的参证、解释上，仍在不知不觉之中，未能跳出禅宗的窠臼。”参见徐复观：《中国人性论史》先秦篇，湖北人民出版社，2002年版，第124页。

的儒士，他曾师从常州著名的儒学大师唐顺之(1507—1560)，故而虽无功名，却颇为士林敬重。耿定向到南京之后，杨希淳也拜在他门下。焦竑与杨希淳大概相识已久，因为杨希淳与焦竑的长兄焦瑞有个共同的好友——李逢阳。据记载，日后杨希淳染上瘟疫卧床不起时，是李逢阳亲自为他调药医治，日夜照料，完全不避感染的风险。别人提醒他时，李逢阳就说："我要是也染上瘟疫，能和杨希淳死后作伴，也是快活的。"杨希淳最终没能挺过去，他死后没几天，李逢阳果然也去世了。杨的遗稿，则是由吴自新帮他整理刊印的。从年龄上说，杨希淳要长于焦竑、吴自新，耿定向也对他相当赏识。然而就发扬心学而言，耿定向更看重的还是年轻的焦竑。

当时有个名叫孙德涵的士人来到南京，住在明道祠中。听说耿定理也在南京，就前去向他求教。但对于孙德涵提出的问题，耿定理总是不予回答，这令孙德涵相当气愤。他憋着一口气，一定要让自己有所参悟，再也不求教于人。但无论他怎样闭门自修，依然不得要领。于是耿定向便建议他，多和焦竑交往切磋。过了一年，孙德涵终于有所感悟。他特意写信给耿定理，感谢他激发出自己的潜能。而耿定向将这件事记录下来，也是对焦竑的一种赞赏。当时焦竑才二十六岁。

嘉靖四十五年(1566)六月，筹建数年的崇正书院正式建成(图四)。书院位于清凉山东侧，依山就势，筑有殿堂三进，规模较大。耿定向选南直隶十四郡名士读书于此，以二十七岁的焦竑为山长，自己也时常到书院亲自讲学。焦竑在《先师天台耿先生祠堂记》中写道："先生间一临，相率

图四　现今为南京市文物保护单位的崇正书院遗址

持所疑难问，启以机钥，靡不心开目明，欢喜踊跃。或不待词说，而目击意悟，虚往实归者，往往有之。”更多时候，则是由焦竑带领士子们相互切磋讨论。这不仅令他的思想日益成熟，也提高了他在学界的名望，甚至开始有人专门到南京向他请教。

隆庆元年(1567)，也就是崇正书院建成的第二年，耿定向晋官大理寺丞，离开了南京。次年，因为触忤朝中权贵，辞官回到湖北黄安。这年冬，焦竑与其他门人也前往黄安，与恩师耿定向及其弟耿定理、耿定力等讨论学问、纵情山水、赋诗酬答。临别时，焦竑写下《留别天台耿先生》一诗："千崖落木动微寒，匹马西来岁欲残。四海风流今下榻，一尊烟雨夜凭栏。时危自觉知心贵，身在翻悲会面难。一望归舟肠尽结，横江波浪正漫漫。"(《焦氏澹园集》)

也就是在隆庆二年，焦竑又结识了另一位晚明思想史上的重要人物——李贽(1527—1602)。李贽，字宏甫，号卓吾，又号温陵居士、百泉居士等，福建泉州晋江人。他幼习儒业，却对程朱理学毫无认同。中举之后，李贽便止步于科举，通过吏部铨选得了个县学教谕之职。嘉靖三十八年(1559)，升任北京国子监教官。后以丁父忧回乡，守制结束后回到北京，在礼部任职。不久升任南京刑部郎中，万历五年(1577)后任云南姚安府知府。三年任满，便辞官致仕。在学术渊源上，李贽与浙中学派、泰州学派都有关系。他曾拜王艮之子王襞为师，也十分崇拜罗汝芳。

隆庆二年(1568)是会试之年。由于会试于春季举行，所以很多参加会试的士子们会在前一年冬季便赶到北京。那一科，焦竑的好友吴自新以及长兄焦瑞的好友李逢阳都金榜题名了，所以几人也可能是结伴同行的。在考试前后的交游活动中，焦竑大概就见到了李贽。但二人之间真正的密切交往，是在隆庆四年以后，即李贽任南京刑部员外郎时。

李贽的思想极为开放、独立。他反对泥古，反对以孔子的是非为行为准绳。他要打破所谓传统、圣贤、经典的一切束缚。他曾说："夫天生一人，自有一人之用，不待取给于孔子而后足也。若必待取给于孔子，则千古以前无孔子，终不得为人乎？"[1] 他自己也知道，这种思想言论在当时必

① 李贽:《焚书》卷一《答耿中丞》，中华书局，1975年版，第16页。

然要被视为“异端”而遭到批判，但却从不畏惧。焦竑与李贽接触不久，就发现彼此性格、志趣相投，二人相交莫逆，惺惺相惜。他们商讨学问，往往穷昼继夜，废寝忘食。李贽视焦竑为知己，称自己的学问深受焦竑影响；焦竑也推崇李贽，认为他可坐圣人第二席。此后无论别人如何讥讽、抨击李贽，焦竑都坚定地站在李贽这一方。即使当他的恩师耿定向与李贽发生冲突时，他也极力从中调和，没有因此疏远这个朋友。

万历初期，朝廷开始明确反对创建书院。当时神宗皇帝年幼，张居正为内阁首辅，把持朝政，他本人对讲学最为厌恶。万历三年(1575)新颁布的提学官敕谕中，首先就提到“圣贤以经术垂训，国家以经术作人，若能体认经书，便是讲明学问。何必又别标门户，聚党空谈。今后各提学官，督率教官生儒，务将平昔所习经书义理，著实讲求，躬行实践，以需他日之用。不许别创书院，群聚徒党，及号召地方游食无行之徒，空谈废业”[①]。这几乎就是张居正的看法。此后，南京地区的书院也逐渐沉寂。湛若水的新泉精舍被废弃，崇正书院也风光不在。但焦竑与四方学人对理学的思考与探讨却从未停止。多年之后，他辞官回到南京，还将在家乡掀起讲学的浪潮。

当然，焦竑的交游活动也并非全部围绕理学讨论展开，更为单纯的士人联谊、诗酒之会、登临旷览，也时时有之。他与嘉隆时期的南京名士，如盛时泰(1529—1578)、许穀(1504—1586)，都有所交往。盛时泰，字仲交，号云浦。才气横溢，却久困诸生，没有功名。后来他捐了个国子监生的身份，年五十而卒。盛仲交善画水墨竹石，家住冶城边，宅中建有小轩，苏州文徵明为其题额曰“苍润”。他的才气，连文坛领袖王世贞都为之叹服。据说他每有撰述，舐笔伸纸，滚滚不休，直到把纸都用完才收笔。盛时泰的儿子名叫盛敏耕，字伯年，他和焦竑曾有过一同读书的经历，焦竑对他的博闻强记、诗文隽永赞不绝口。两人之间的友谊也一直持续到盛敏耕去世。

另一位忘年交，是许穀(1504—1586)。许穀，字仲贻，一字石城，应天府上元县人，嘉靖四年(1525)举于乡，嘉靖十四年登会试第一人。初授户

① 万历《大明会典》卷七十八《礼部三十六·学校·儒学》，《续修四部全书》史部，第790册，第417—418页。

部主事，历任礼部、吏部郎中，官至尚宝司卿，嘉靖三十年被罢官。解绶后，许縠里居三十余年，日与亲戚朋友赋诗饮酒，尽山水园林之乐。据说许縠长头，面白皙而圆，巨鼻微须，双眼碧色，就像画上的老子。他有诗名，工行书，喜交游，且最爱饮酒。他酒量极大，八十岁时，还能整日与客人觥筹交错、交谈不倦。焦竑的府学同学吴自新与许縠关系甚好，许縠视这位小友为知己，尤其喜欢和他一起交游。许縠去世后一年，诗集《归田稿》付梓，就是吴自新为其作序。焦竑或许也是通过吴自新与许縠结识。

焦氏易林卷上

乾之第一

乾 道陟多阪胡言連蹇譯瘖且聾莫使道通請謁不行求

無功

坤 招殃來螫害我邦國病傷手足不得安息

屯 陽孤亢極多所恨惑車傾蓋亡身常憂惶乃得其願雌雄

相從

蒙 鳩專一無尤君子是則長受嘉福

需 目瞤足動喜如其願舉家蒙寵

訟 龍馬上山絕無水泉喉焦唇乾舌不能言

師 倉盈庾億宜種黍稷年豐歲熟民人安息

图五　明嘉靖四年（1525）武功知县姜恩刊本《焦氏易林》

在这段时期，焦竑还广泛涉猎辞章、文物、典章、训诂、考据之学。他四十岁前后，开始计划撰写训诂考据之学的研究著作，《焦氏笔林》《焦氏类林》《焦氏易林》等书，都酝酿于此时。（图五）焦竑在《题类林后》中写道：

> 余少嗜书，苦家贫，不能多致，时从人借本讽之。顾性颛愚，随讽随忘，有未尽忘者，往来胸臆，又不能举其全为恨。表圣之诗不云乎："亡书久似忆良朋"，真余意中事也。庚辰读书，有感葛稚川语，遇会心处，辄以片纸记之。甫二岁，计偕北上，因罢去。残稿委于箧笥，尘埃漫灭，不复省视久矣。李君士龙见之，谓其可以资文字之引用，备遗忘之万一也。乃手自整理，取《世说》篇目括之，其不尽者，括以他目。譬之沟中之断文以青黄，则士龙之为也。

可见《焦氏类林》是在焦竑的读书笔记基础上编纂而成,由其好友李士龙资助出版。在这篇后记中,有两点内容尤其值得注意。一是焦竑说他嗜书而家贫,“时从人借本讽之”,这里的“讽”是背诵的意思。前文说到,焦竑常到秀水沈家藏书楼抄书,可以相互印证。二是焦竑的读书笔记,始于“庚辰读书,有感葛稚川语”。“庚辰”是万历八年(1580);“葛稚川”,就是东晋时期有名的道教、炼丹家、医学家葛洪(284—364)。焦竑说庚辰读葛洪之书,很可能是《抱朴子内篇》。在这部书里,葛洪总结了晋以前的神仙方术,同时将神仙方术与儒家的纲常名教相结合,强调欲求仙者,首先要修德行,以忠孝仁信为本。焦竑读葛洪书有感,体现出理学思想与宗教思想之相互交叉补充。

尽管焦竑在成进士之前,已经成为一个思想成熟的学者,不仅在学术界积累了相当的人脉,且有了一定的声望,并出版了几本专著。但举业上的挫折,仍时时折磨着他。尤其是在长兄焦瑞去世后,改变家庭地位的责任就落在他一人身上。焦竑自二十五岁中举后,每三年前往京城参加会试,却次次落榜。他眼见着自己的好友、同学们金榜题名,心中的失落可想而知。隆庆二年(1568),吴自新考中进士,授都水司主事,后擢杭州知府。吴自新上任前,焦竑曾作《送吴伯恒太守之杭州》一诗,其中写道:

> 窈窕澄湖十里光,几年幽梦寄沧浪。
> 风烟莽莽林逋宅,云木萧萧冰壑堂。
> 蟋蟀经秋生别恨,芰荷他日或同裳。
> 何人不浅郗超兴,为傍清溪架竹房。

自从十四五岁相识,焦、吴二人就亲如兄弟,无分你我。然而这时大家心中都明白,身份上的差距将拉开彼此间的距离,在心理与生活空间上的渐行渐远是必然的。这种失落感,在焦竑《祭吴伯恒》中也有所表达:“自君腾踏,不顾蟾蜍。晤言终鲜,音尘以疏。势则使然,匪君我遗。”吴自新中进士后,曾经的府学同学张维德、李鼎卿也相继中举,各自走上仕途。曾经在金陵发愤自修,与焦竑相处后对理学渐有领悟的孙德涵,也于隆庆五年考中进士。然而焦竑的成功何时才能到来呢?

当时文人面对科举考试的复杂心态,在袁中道(1570—1626)的文章中曾有生动表达。袁中道是“公安三袁”之一，对焦竑相当景仰。他与焦竑的儿子焦尊生也有交往。在袁中道四十初度时，曾写过一篇《心律》，其中对“功名利禄”有这样一段自省：“追思我自婴世网以来，止除睡着不作梦时，或忘却功名了也。求胜求伸，以必得为主。作文字时，深思苦索，常至呕血。每至科场将近，扃户下帏，拚弃身命。及入场一次，劳辱万状，如剧驿马，了无停时。岁岁相逐，乐虚苦实。屈指算之，自戊子以至庚戌，凡九科矣。自十九入场，今年亦四十一岁矣。以作文过苦，兼之借酒色以自排遣，已得痼疾，逢时便发。头发已半白，鬓已渐白，须亦有几茎白者。老丑渐出，衰相已见。其所得果何如也？”[①]

焦竑在科举上的挫折，令人联想起他的大哥焦瑞。焦瑞最后选择放弃科举，而以选贡生的身份入仕。他通过吏部铨选得到灵山县令一职，已经相当幸运了，毕竟这是一个县的正印官。更多的人，可能会成为品秩更低的佐杂官。焦竑很可能也无数次问过自己，是否还要坚持。他的第一任妻子、母亲，以及对他期望最高的父亲，都没能看到他金榜题名的那一天。而焦竑读书几十年，也未能改善家庭的生活条件。四十岁之后，焦竑可能愈发感受到这种中年危机。他曾写过《感述六首》，每首都流露出迷茫与失落。

其一写道：

中岁行藏漫倚楼，吴钩净拂夜堂幽。
姓名未署骐骥字，出入长看鹿豕游。
远道也谁思老马，褊心亦自怒虚舟。
劫灰俛仰人间世，且拟乘春一散愁。

这首诗中，焦竑首先写到自己人到中年，却一事无成。“骐骥字”“鹿豕游”，都比喻好群聚的人们，这里形容自己失落的生活状态。在后一联中，焦竑称“远道也谁思老马”，“褊心亦自怒虚舟”。“老马识途”的典故大家都很熟悉，焦竑将自己比作“老马”，是对自身学识与能力的自信，但可惜他这匹老马却没能遇见伯乐。下一句中的“褊心”，意为心胸狭窄。《新唐书·

① 袁中道：《珂雪斋近集》卷十《心律》，《续修四库全书》集部，第1376册，第696页。

刘禹锡传》中载："禹锡恃才而废，褊心不能无怨望。"而"虚舟"，则指无人撑掌之小舟。《庄子集释》卷七上《外篇·山木》中写道，市南子曰："方舟而济于河，有虚船来触舟，虽有褊心之人，不怒。"意思是说，当驾船渡河之时，如果被一条无人之小船撞上，即便是心胸狭窄之人也不会对其发怒。而焦竑在诗中却说"褊心亦自怒虚舟"。这当然是因为自己的智识无人欣赏而愤懑难平，以至于面对"虚舟"也会发怒。

其二写道：

懒校时名掩草堂，十年踪迹总堪伤。
青云宦达多朋辈，白首交亲半在亡。
玩市乍惊成虎日，随人欲入斗鸡场。
萍游况复多留滞，一望停云重渺茫。

这首诗中，最令人感慨的是"青云宦达多朋辈，白首交亲半在亡"一句。焦竑交游纵广，却仍在仕途之外徘徊。"白首交亲"一句，则更为凄凉。焦竑的父母、长兄已故去，这是令人伤心颓丧之事。就像他的连襟金玄予，也一样困顿场屋多年。直到焦竑中进士，玄予依然名落孙山。后来金玄予自叹："先君一经授我，生不能取升斗以养，没又不获徼一命，为泉壤光显，亲之谓何。"(《承平府迁安县知县金君玄予墓志铭》)焦竑创作这首诗时的心态，亦当相同。

其三写道：

几载行吟江海边，黄金买骏事空传。
迎门欲种先生柳，负郭曾无季子田。
天上片云孤日月，人间双泪堕婵娟。
酒阑莫奏猗兰操，一曲悲歌昔所怜。

这首诗的开头一句中写到"黄金买骏"，用到了《战国策》中的典故。《战国策·燕策一》中记载，燕赵王要招揽贤才，郭隗向他献策说："从前有国君欲以千金求千里马，三年未得。有人花五百金买一死千里马的头回报，国君大怒。此人却说：'如果天下人知道您愿意用五百金买死马之头，就会相信您求千里马的决心，千里马很快就能有了！'果然，不久之后，国君买到了三匹千里马。”因此“千金买骏”为求贤若渴之意。然而焦竑却感叹“千金买骏事空传”，表达出他的才华至今未能有贤主赏识，与前诗中“远道也谁识老马”意思相近。在心灰意冷中，焦竑似乎有归隐之心，欲效仿五柳先生陶渊明。然而想到家中并无田地产业，想要归隐也没有条件。这句中的“季子”，指战国时期的苏秦。苏秦早年外出游说，黄金散尽，穷困而归，遭到家人的耻笑。后佩六国相印，又经洛阳，兄弟妻嫂不敢仰视。“季子”借指先穷困后通达多金之人。然而正如上句中所写，当世根本没有黄金买骏之人，因此焦竑也无法成为苏秦。在进退维谷的情况下，只能继续四处漂泊，借酒浇愁。诗末出现的《猗兰操》，是古琴曲名，传为孔子所作。孔子游历诸国，却不受赏识。回到鲁国后，隐居幽谷之中。见山中兰花茂盛，慨叹道：“兰当为王者香，今乃独茂，与众草为伍。”于是援琴鼓之，自伤不逢时。因此《猗兰操》之曲，抒发的也是怀才不遇之情。

尽管承受着巨大的心理压力，焦竑仍然没有放弃科举这条道路。最终，在他五十岁的时候，终于以“状元”而扬名天下。他人生中的另一个篇章，也将拉开序幕。

第三章　宦海十年

万历十七年(1589)春,五十岁的焦竑第九次前往北京参加会试,终于以会试一甲第七名中式。在随后进行的殿试中,则以一甲第一名的成绩独占鳌头,成为状元,钦赐进士及第。此时距他乡试中举,已经过去二十五年。

焦竑成为状元的消息传到南京,轰动全城。他是明朝开国以来的第一位南京籍状元,其意义非同一般。焦竑的成功,似乎开启了一个晚明南京科举史上的黄金时代。两科之后,也就是万历二十五年,朱之蕃再于殿试中拔得头筹,成为第二位南京状元。到了万历二十八年,顾起元又成为会试一甲第一,也就是会元,后来在殿试中成为探花。他们的成功,不仅是对金陵士子的鼓舞,而且还带动了应天府学的复兴。

前文提到,明初应天府学为一堂六斋。明德堂后有一高阜。嘉靖初年,都御史陈凤梧将土坡夷平,建尊经阁于其上。奇怪的是,自建阁之后,应天府学生中举者逐年递减,隆庆之后更稀若晨星。到万历时期,应天府学中一片荒凉景象,直至邵仲禄、杨廷相先后任应天府尹时,才各自捐俸,置田若干亩,作为应天府学的学田。

到了万历十三至十四年间,太常少卿周继为应天府尹。他喜欢研究风水,认为应天府学的衰落有风水原因。儒学文庙,坐乾向巽,开巽门而学门居左,属震。文庙后为明德堂,明德堂后又建了尊经阁,高大主事,庙门与学门二木,皆受乾金之克。而阳宅以门为口,气生则福,克则祸。于是以抽爻换象补泄之法修之,于学之坎位起高阁,曰青云楼,高于尊经阁,以泄乾之金气。而以坎水生震、巽二木,以助二门之气。又于庙门前树巨坊,与学门之坊并峙,以益震巽之势。于离造聚星亭,使震、巽二木生火,以发文明之秀。又以泮池河水不畜于下手,造文德木桥以止水之流。万历十五年(1587),周继升任应天巡抚都御史,次年冬,下令拆去府学内的屏墙,并称:“把屏墙拆去后,明年必定出个状元。”果然,万历十七年的状元就是南京人焦竑。周继又预言:“修府学后,出了一个状元,我不敢说是自己的功劳。但是按照我的占卜,这里要出三个状元!”后来果然又出了朱之蕃和顾起元,成为科举盛事。此后,地方人士对府学也更加重视。

焦竑成为状元,甚至在一定程度上提高了南京人的地方自信心与自豪感。南京素称六朝古都,但建都于南京的政权都是分裂时期偏安一隅的小朝廷。这也给这个城市蒙上了悲情色彩,一提起南京,人们就会想到“金陵王气黯然收”“一片降幡出石头”这样的经典名句。直到明太祖朱元璋建都南京,才令这个城市成为天下一统时代的都城。可南京的国都史毕竟过于短暂。永乐迁都后,人们又对“金陵王气”提出质疑。如郑晓(1499—1566)说:“南京城大抵视江流为曲折,以故广袤不相称,似非体国经野、辩方正位之意。大内又迫东城,且便坡卑洼,太子、太孙宜皆不禄。江流去而不返,山形散而不聚,恐非帝王都也。”(《今言》)这也令南京本地文人的心中十分失落。而焦竑成为状元,被认为是对金陵风水不吉的一种反驳。焦竑的学生周晖就在《金陵琐事》中写到:“郑晓谈金陵形势,说此地山形散而不聚,江流去而不留,非帝王都也。亦没有能成为状元、宰相者,因世禄之官太多,亦被他夺去风水。我原来很认同这番言论,但后来焦竑、朱之蕃接连成为状元,才知书生之言不足深信。”可见焦竑科举成功对地方社会的积极影响。

为了表彰焦竑,标榜地方科举之盛,并为后学树立榜样,应天巡抚要给焦竑树立牌坊,命应天府尹周希旦承办此事。给地方上的状元、名宦树立牌坊,在中国古代是非常普遍的做法。江南很多城市中都有这样的牌坊。然而万历十七年前后,适逢江南大旱,南直隶地区饥疫相仍,饿殍遍地,这令焦竑心中非常不安。当时他身在北京,从弟弟那里听说此事后,便立即给周希旦去信,婉言谢绝立坊之事。他在信中说:“我没能给乡里父老带来什么好处,现在要给我立坊,必然要让他们出钱出力。我本来就惭愧不已,哪能再做这样不德之事呢?现在时日多艰,官员操劳,百姓贫困,我实在不希望您在这件事上浪费金钱。”

要为焦竑立牌坊的不止南京,还有他的原籍——山东日照。对于日照官员的提议，焦竑倒没有推辞。但他提出换一种方式，即不建牌坊，而将建立牌坊的花费折算成奖金，发给焦竑以资奖励。对于这笔钱的用途，焦竑也做了安排：在家乡购置祭田一处，"所入田租以供岁祀，余察兄弟之甚贫者，量周之。俟后有力，陆续增置，为经久计"（《与日照宗人书》）。这实际上就是一种宗族内部的慈善行为。自焦竑的父亲开始，金陵焦氏与日照宗族之间渐渐断了联系。焦竑成状元之后，日照宗人便赶到北京与他相会，想必也是希望他能赞助宗族事务。后来焦竑的儿子也前往日照，祭祀先人。然而焦竑此时仍是一介寒士，并没有足够的经济能力。能借地方府县奖励之机，为宗族做些许贡献，也算是一件光宗耀祖之事。

焦竑中进士之后，便入职翰林院。明朝自永乐之后形成定例，一甲进士皆入翰林院，第一名授官翰林院修撰，为从六品，第二名、第三名除编修，为正七品。尽管品秩不高，但翰林院却是培养高级文官的摇篮。对于有政治理想的士人而言，这一起点相当高。

翰林院始设于唐朝，其作用相当于皇帝的秘书处，负责修书撰史，起草诏书，为皇帝及皇储讲筵、侍读、担任科举考官等。明初废丞相，罢中书省，由朱元璋亲管六部。但由于事务繁重，他又不得不设置辅官，或从翰林院中临时起用官员协理政务。永乐以后，逐渐形成了常设"内阁"，成员皆为翰林院官，称内阁大学士。此后"阁权"日益膨胀，实际地位已超越了六部。尤其是内阁中的核心人物，常被称为"首辅"，更能在一定程度上把持朝政。如万历前期的内阁首辅张居正（1525—1582），其权力与待遇都是罕见的。

焦竑进入翰林院时，张居正的时代已经过去了。早在万历十二年（1584），也就是张居正去世后两年，这位曾经权倾朝野的内阁首辅遭到清算。事实上，张居正去世之后，与他默契配合多年的大太监冯保就被抄家并放逐南京，最终死于留都。这也反映出成年后的明神宗要收回权力的决心。

张居正倒台后，万历皇帝也开始对廷臣产生怀疑，渐渐疏远。此后君臣之间的最大矛盾，则发生在立储一事上。万历皇帝的长子是朱常洛，他并非皇后所生，其母是万历皇帝一时兴起宠幸的一个宫女。万历皇帝本人最宠爱郑贵妃，万历十四年，她生下了皇子朱常洵，是万历皇帝的第三个儿子。按照朱元璋定下的有嫡立嫡，无嫡立长的继承法，朱常洛当被立为太子。然而万历皇帝和郑贵妃却希望废长立幼，将朱常洵立为储君。这种违背祖制的做法必然遭到廷臣反对，于是万历皇帝便迟迟不立储，而廷臣们则不断规劝，催促立储。这就是当时朝堂上的“国本”之争。到了万历十九年（1591），首辅申时行、次辅许国因册立太子一事，双双请辞。次年，继任首辅王家屏也因此事而离职。翰林任职京中，出入皇家讲席，必然受到这种政治氛围的影响，稍有不慎，便要被卷入朝廷斗争。焦竑性情耿介正直，坚持己见，他能适应复杂的政治环境吗？

焦竑的老师耿定向，就对焦竑有过忠告。焦竑参加会试时，耿定向正在病中。听说焦竑成为状元，耿定向高兴得一夜都没睡着，自觉好像吃了一剂良药，病也好了大半。然而过了几日，他又因担心焦竑将会面临政治纷争，而紧张得几晚不得安眠。焦竑此时已经五十岁，俗称“知天命之年”。耿定向觉得，老天在此时让焦竑一举成名，并不只是要给他荣耀，而是要赋予他使命。焦竑也是有政治理想之人，心系家国天下，现在登上了政治舞台，正是一展抱负之时。然而耿定向也赠给焦竑“吃紧”二字，并以孔子“多闻阙疑，慎言其余。多见阙殆，慎行其余”劝勉焦竑，一言一行都要慎之又慎。

耿定向对焦竑的担忧，也来源于自己的过往教训。耿定向为人正派，处事谨慎，自嘉靖时期入仕，直至万历年间辞官，一直没有太多政敌，官场与学界对他也少有非议。然而在对张居正“夺情”一事上，他仍然犯了“不慎言”的错误。张居正的父亲于万历五年去世，按照道理，张居正当回乡守制三年，丧期满后才可回京复职。但当时张居正权势如日中天，皇帝对他也相当依赖，离京三年会发生什么，谁也无法预测。后来在张居正、冯保的精心策划，以及皇帝与亲张派官员的全力配合下，张居正没有回乡守制，这在当时被称为“夺情”。张居正夺情，令朝野官员相当震惊，弹劾他违背纲常的人也很多，但都被张居正铁腕镇压了。耿定向与张居正的关系一向很好，在这场风波中，他是站在张居正一边的。后来耿定向的一位朋友要弹劾张居正，耿定向在给朋友的信中劝他不要冲动，还将张居正比作商汤的老师伊尹，说张居正以天下自任，就不得不冒天下非议，弹劾他的人其实都不明白这个道理。虽然耿定向是出于对朋友的好意，但他却因为这些话而遭到时议非难，成为人生污点。

然而初入仕途的焦竑，大约还沉浸在喜悦与兴奋中，不能完全理解耿定向的告诫。此时的他，能更加从容、自在地欣赏帝京景物。在人才济济的京城，也不会感到任何自卑与失落。尤其是入职翰林院后，他有机会真正感受皇家威仪与中枢气象。这一切都给他带来刺激与新鲜感，未来是值得期待的。这样的心情在他入仕早期的诗作中有大量表现。如在《早春》一诗中，焦竑写道：

帝城芳景倍他乡，献岁韶光似艳阳。
风转铜乌春进酒，花迎彩仗昼生香。
林莺过雨声初滑，苑草含烟带未长。
最喜御沟冰泮尽，恩波先绕凤池旁。

铜乌、彩仗、御沟、凤池，都是烘托"帝城芳景"的意象。在这华北的初春时节，艳阳高照，处处透露着生机勃勃的希望。诗作读来流畅、欢快，与焦竑在《感述六首》中展现的黯淡、压抑与烦闷情绪全然不同。此时的他，也不用再抱怨"远道也谁识老马""千金买骏事空传"。相反，这一时期的诗作中常以"恩波"等语表达对皇恩的感激。他在《玉冰河泮》一诗中，更直言"最是词臣叨宠渥，凤池无日不恩波"。焦竑出入紫禁城、参加皇帝万寿朝贺、参订会试命题等经历，都被一一记录在《早入禁中》《万寿节朝贺一首》《南宫详定试卷作》等诗中。这些作品的意境与旨趣大体相似，在焦竑的诗作中，是为数不多的轻松主题。

此时的焦竑，也渐渐体会到地位与权力给自己带来的变化。前文提到，万历十七年(1589)前后，南直隶遭遇大旱，饥疫相仍。当时署应天府尹的周希旦，上疏请求朝廷拨款赈灾，但却未得到回复。后来周希旦给焦竑去信，请他在朝中疏通。焦竑了解到家乡遭灾的惨状，不禁潸然泪下，同时也对相关官员的冷漠更加气愤。他愤然说道："之所为请命者，吾乡之人也，而可漠然已乎？"于是便向户部尚书据理力争，最后为上元、江宁二县争取到五千两白银的赈灾款。(《旌德周氏家传》)这种为家乡谋福利的能力，在他入仕之前是无法想像的。

然而作为翰林院修撰，焦竑的本职工作依然是研习典章制度、参与会试、讲筵侍读、编修国史等。对于每一项任务，焦竑都报以极大热情，兢兢业业，力求尽善尽美。

《明史》记载，焦竑进入翰林院后，花了很多时间学习国朝典章，这也是为日后经筵、日讲做知识储备。当然，翰林院官员也因此得以阅读大量的珍贵书籍，这对嗜好读书的焦竑来说更是难能可贵的机会。作为理学大家，焦竑对宋人的经学著作格外留心。他在宫廷藏书中抄出苏东坡著《论孟拾遗》一册，"论孟"就是《论语》和《孟子》。这是宋代经学的重要著作，后来编入《两苏经解》之中。

此外，焦竑还担任了内书堂的讲官。内书堂是专为宦官设立的宫廷教育机构。明初，宫中不许太监读书识字。宣宗以后，太监则渐通文墨，开始协助皇帝处理政务。当时各地官员呈往朝廷上的奏疏，首先由内阁大臣看过，然后将他们的处理意见写在纸上，粘在奏疏之前，这称为"票拟"。皇帝在内阁意见的基础上，做御笔批示，这就是"硃批"。然而由于需要处理的奏疏公文太多，皇帝亲自批阅的数量十分有限，于是便令司礼监太监代皇帝批红，这些太监又被称作秉笔太监。正统时期的王振、万历初期的冯保，皆掌司礼监，因此得以干预朝政。此外，朝廷也经常派太监前往各地，监理各项事务。如在陪都南京，就设有内守备，为司礼监外派，与守备及南京兵部尚书、都察院都御史等官共同管理地方防卫。万历后期，臭名昭著的矿监税使，也是外派的太监。

在赋予太监以权力的同时，明廷也考虑到加强宦官群体文化修养的必要。于是便在宫中设立内书堂，由翰林院官员出任讲官，为宦官提供正统的经史教育，还专门为宦官刻印书籍。这一措施的出发点本是好的，但文官对太监往往有着天生的反感。事实上，皇帝让司礼监秉笔太监批红，除了有怠政的因素外，也是想以其制约内阁，以强化皇权对相权的控制。因此，太监与文官集团的关系十分微妙，翰林官员多视内书堂授课为儿戏，不过是敷衍了事。然而焦竑做内书堂讲官时，却兢兢业业。他不仅讲课认真，还拿历史上一些著名宦官的正面事迹来教育、感化太监。当时同僚们对焦竑的做法十分不解，焦竑却说："这些人虽然身份卑微，但日后可能会侍奉皇帝左右。紫禁城中，能随便出入的，也只有这些宦官了。怎么能忽视对他们的教育呢？如果能稍稍启发他们的心智，让他们知道自己的职责本分,也算是为朝廷做出小小的贡献了。”

作为翰林院官员,另一项常规事务就是担任考官。万历二十年(1592),焦竑被任命为会试同考官。上一科考试时,他的身份还是考生,这一科就变成了考官,想来焦竑的心情也相当复杂。成为考官,不仅是对个人学识能力的认可,也是建立人脉的重要机会。按照当时的惯例,每一科中式的进士,都与考官形成“师生”关系:考生自称“门生”,考官被尊为“座主”。由于成为进士就有了入仕的资格,因此通过考试而建立的门生与座主之关系,更强调的是受到赏识而被提携,并非传授知识。焦竑曾参加过九次会试,他深深明白考试结果的偶然性,以及被伯乐赏识的重要。因此,当他初次担任考官时,必定也是抱着不错过一位才俊的心态,仔细阅卷。这科取中的进士中,有陈懿典、袁宏道、沈凤翔等。陈懿典日后成为焦竑的得意门生,整理刊刻了不少焦氏著作。湖北人袁宏道(1568—1610),即“公安三袁”之一,当时只有二十四岁,意气风发。他的哥哥袁宗道(1560—1600)是万历十四年的会元,授翰林院编修,当时是焦竑的同事。而袁宏道的中式,使得焦竑与袁家兄弟之间的关系更近一步。日后,焦竑之子焦尊生也得以与“三袁”交往,与袁中道(1570—1626)关系最深。沈凤翔则是南京人,是焦竑的同乡,活跃于金陵文坛,以草书闻名。能得天下英才而交往之、教育之,焦竑此时的心情想来极为畅快。

会试结束后,焦竑奉命持节,前往河南开封册封周王藩属的颍川、沈丘二郡王。这项工作本身并不复杂,完成册封后,官员还可顺路回乡探视。在开封时,焦竑借机拜访周王宗正朱睦㮮。其人虽为宗室,但于学问用力很深,家中藏书丰富,两人相交甚欢。焦竑从其藏书中得见苏辙《诗经解》和《春秋经解》,后来也收入《两苏经解》。回乡途中,又顺路在汉阳会见老朋友李贽,在黄安拜谒老师耿定向,直至晚秋方返回金陵。在自己的家乡,焦竑论学讲会,交往应酬,直至次年夏初才启程回北京销差。

在焦竑入职翰林院的前五年,生活大体平稳。但随着万历二十二年出任东宫讲官,焦竑才开始真正感受到朝廷政争的残酷。正如老师耿定向曾经劝诫他的那样,人在官场,必须谨言慎行。然而充满政治抱负、心性耿直的焦竑,从不会将明哲保身奉为人生教条。这也注定了他的为官生涯最终将黯然收场。

万历二十一年(1594)冬,时任内阁首辅的大学士王锡爵通过调和政策,一方面安抚文官集团,一方面迎合上意,“争国本”一事终于有了实质性的进展。虽然万历皇帝仍未明确册立东宫,但在当年闰十一月下诏,安排皇长子朱常洛次年春出阁讲学。二十二年,焦竑受命任东宫讲官,一同讲学的还有五位翰林院官:郭正域、唐抑所、袁宗道、萧云举、全元洲。

给皇子讲学,责任重大,焦竑兴奋之余多少也有些不安,感到“始命惭燕隗,横经浅汉才”(《东朝出阁叨劝讲之役赐燕文华殿恭记》)。更重要的是,如何能让讲学深入浅出,让皇子不觉枯燥,学得饶有兴趣,这是更大的挑战。与焦竑同榜的探花陶望龄就在给焦竑的信件中说:“养蒙正始,为今日之根本,启他时之太平,自宰相以下,没有比这更重要的官职了。但不知讲课时是否也只依样讲章,每天熟读一遍便罢了。记得我小时候在学堂里,拿着书本听先生讲课,还没坐稳,两眼就睁不开而昏昏欲睡了。虽然皇子不同于凡人,但人情都是差不多的。如何能让皇子学习起来不知疲倦,兄长一定有好的办法。”

据《明史》记载,焦竑在给朱常洛讲学时,尤其注重在问答互动中启发思维。这大约源于他早年便相当熟悉的书院讲学模式。耿定向督学南畿时,任命焦竑为崇正书院山长,也说明焦竑年轻时就擅长于这种讲业方式。当时其他讲官,大概都是依样讲章,每天熟读一遍便罢,朱常洛也习以为常。然而焦竑却主动求变,在授课后希望皇子能针对其所讲内容提出问题。见小皇子只是嘴里答应,却从来不曾提问,焦竑就鼓励他不要有顾虑,从来只有回答的错误,没有提问的错误。古人就说要“不耻下问”,皇子也应该如此。朱常洛虽然出阁较晚,但进步很快,不久就能对答如流。有一次,焦竑问朱常洛,《舜典》中“稽于众,舍己从人”一句该如何理解,皇长子答道:“‘稽’的意思是‘考’,要全面考察众人的想法,然后舍己之短,从人所长。”另一次,焦竑问《汤诰》中“上帝降衷,若有恒性”该作何解,皇长子对曰:“这句话的意思很简单,所谓‘性’就是‘天命’。”

对于翰林院讲官而言,皇子既是学生,也是日后的君王,他们之间既有师生之情,也隔着君臣之礼,关系相当微妙。然而焦竑并不一味迎合皇子,而是希望在其面前不失为师之尊严。有次讲课时,朱常洛看到窗外鸟儿飞过,不觉发呆走神。焦竑虽然不能正面批评,但他马上停止讲授,肃立一旁，直到朱常洛意识到自己的失态。

焦竑对皇长子寄予厚望。在“争国本”一事中，他虽然没有锋芒毕露，但显然与文官集团保持一致，支持立朱常洛为太子。在申时行、许国致仕归乡之时，焦竑便撰《赠尊师少傅许公归新安诗序》为许国送行。焦竑高度赞扬许国为国本而毅然致仕的决定，并安慰许国道：“异日天子念公功，还之政府，所为计安天下，当媲美古人。”似乎对文官集团的最终胜利充满信心。后来先出阁、后册立的妥协方案日渐明朗时，焦竑也上了一道《恭请元子出阁讲学疏》。他在奏疏中写到：“夫储贰贵早定，又贵豫养。皇上尝谕：立子以长，祖宗家法，朕敢不遵。是册立虽迟，圣心自定。”这显然是一种委婉的规劝。接着，他从皇帝的角度，提出让长子早日出阁的三大益处：首先是“问安视膳，昕夕嗣举，可以慰皇上乐育之怀”；其次，“虚明之初，习与智长，可以时元子养正之功”；最后，“群寮济济，望清光，乐盛美，可以杜天下猜疑之端”。表面上为皇帝勾画了一幅父慈子孝、安定民心的愿景，实则处处强调国本，以退为进。

在皇长子出阁一事上，焦竑内心有意识地将“长子”视同为“太子”，在给朱常洛讲学时，也时时以皇太子的标准辅导教育他。然而当时万历皇帝并没有立储，让长子出阁，也不过是想暂时稳定文官集团。尽管很多人认为朱常洛最终会成为太子，但他毕竟不得万历皇帝的宠爱，此时的身份仍处于名不正、言不顺的尴尬状态。在这样的局势下，焦竑编纂《养正图解》，就招致各方猜忌与愤怨，演变成了一场政治事件。

《养正图解》（图六）一书，是焦竑为方便皇长子学习而编写的一本图

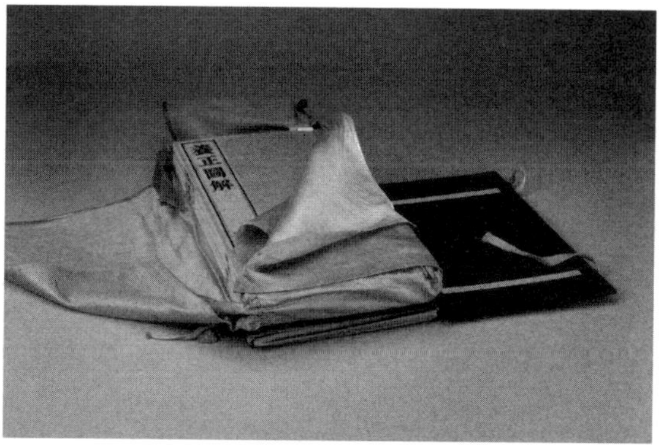

图六　故宫博物院藏《养正图解》

文并茂的德育读物。“养正”，是指培养端正的心态与行为。即使对于普通人，也要在其年幼时培养心性，童蒙养正是儒家一贯强调的教育理念。皇太子是未来的皇帝，要君临天下，“养正”一事则更为重要。焦竑编纂的《养正图解》中精选了六十位宋代以前的杰出皇太子故事，阐明修身、齐家、治国、平天下之道。事实上，为皇子编纂此类规鉴类图籍，并非焦竑的创举。当万历皇帝年幼时，张居正就曾编纂《帝鉴图说》一书。该书同样是图文结合，旨在让万历皇帝熟悉汉唐君臣的贤良事迹，也是一种“养正”的启蒙书。但张居正编纂《帝鉴图说》时，万历皇帝已经即位，该书自然受到重视。而焦竑的《养正图解》，却出现在一个并不恰当的时机。进呈之后，万历皇帝只冷淡地批示：“所进《养正图解》留览，并赐了。前有旨，皇长子体质清弱，不耐久劳，请学书籍，候循序渐进，以副朕眷爱之意。”(《养正图解题奏》)可见，万历皇帝并不同意皇长子立即学习此书。

万历皇帝对《养正图解》的冷淡，当是出于对该书内容的反感。首先，《养正图解》从内容到形式都与《帝鉴图说》十分相似。而《帝鉴图说》的编纂者——曾经的帝师、首辅张居正——已经遭到清算，背后的主要推动者正是万历皇帝本人。此时又有臣僚模仿张居正献书规鉴，难免会引起万历皇帝的嫌恶，甚至猜疑。其次，焦竑将朱常洛等同于太子，也似乎在强迫万历皇帝接受事实。《明史》记载，焦竑的《养正图解》“采古储君事可为法戒者”，开篇第一则《寝门视膳》，就是周文王世子孝敬武王的故事。这当然是要教导朱常洛，如何行太子之道。然而此时朱常洛并没有储君之实，如果万历皇帝让他学习《养正图解》，也就等于承认皇长子为储君。这显然并非万历皇帝所情愿。事实上，即便他最终不得不选择立长，也不会以这种不明不白的方式妥协。最后，《养正图解》中的部分条目，还暗含了针砭时弊、劝诫帝王之意，并不只是规诫皇子。如第五十六则《遵守旧章》中，就指出“近日祖制渐湮，修明振举者全无其人，只是无益之言，连篇累牍。”第十一则《夫妇如宾》中注：“男牵于欲，而失其刚；女狎于爱，而忘其顺。沉溺浸深，忍情难决，敝有不可胜言者。孰若以礼堤防之，令宠佞不犯，而宫闱常肃为美也哉。”这似乎在影射万历皇帝宠溺郑贵妃之事。由于这些原因，万历皇帝对《养正图解》一书的冷淡也就不难理解了。

与皇帝的态度相比，翰林院同僚们对焦竑进献《养正图解》的非议，则更令焦竑难堪。让讲官编辑简明读物以供皇长子学习一事,本是内阁首辅王锡爵(1534—1611)的提议。但王锡爵于万历二十二年(1594)辞官回乡后,众讲官对这一提议都没有上心。没想到焦竑却独自编纂了《养正图解》。在当时被任命的六位讲官中,郭正域以春坊谕德为讲官之长,从资历上说,焦竑排在最末位。得知此事后,郭正域大为光火。他表示即便此事当为,焦竑也应该与其他五人商议,而不该独立编纂。现在《养正图解》独出焦竑一人之手,难道其他几位讲官的学问都比不上焦竑吗?况且如果该书真的成为皇太子学习的教材,那么众讲官授课时,都免不了要讲《养正图解》。书是焦竑所编,却要众人代他讲解,谁又能甘心呢?郭正域对焦竑的指责,在众人看来是合情合理的。焦竑进书一事,似乎的确有排挤同僚、沽名钓誉之嫌。

受到同僚们的指责后,焦竑曾经一度放弃了向万历皇帝献书的想法。然而最终,这本书还是经过宦官之手,出现在了万历皇帝面前。据记载,焦竑在书稿编纂完成后,让儿子带回南京,由徽州匠人雕刻并印刷出版。当时南京是著名的印刷出版中心,最好的雕工多来自徽州。由于《养正图解》是图文并茂的教材,插图的绘制与雕刻尤其重要。焦竑决定在南京刊印此书,表明他对该书的用心。最终的成品品质极高,插图精美细致,印刷上采用双色套印技术,异常美观。图书刊印好后,被送到焦竑在北京的寓所。据说某天司礼监太监陈矩在焦竑家中无意看到此书,大加赞赏,于是便取走数本,进呈御览。如果只是太监私自献书,焦竑或还可撇清关系。然而焦竑本人偏偏也写了《恭进图解以仰禅谕教疏》。这样一来,焦竑不顾同僚反对而执意进献《图解》一事,就再也说不清了。郭正域等对于焦竑的忌恨又加深了一层,认为他不仅沽名钓誉,而且勾结内监,图谋上位。

事态发展到这一步,《养正图解》一书对焦竑造成的名誉损失与人事矛盾,已经无法挽回。焦竑与郭正域之间的仇怨,再也无法解开。几年后,焦竑仕途彻底失败,郁郁离京,也正是郭正域及吏部尚书、大学士张位(1538—1605)二人推波助澜的结果。后世在评论此事时,有两种态度。一种认为错误首先在焦竑。另一种则认为,郭正域和张位的确挟私排挤、报复焦竑,但在《养正图解》一事上,焦竑的做法确有欠妥之处。如沈启原之孙沈德符在《万历野获编》中就评说到，自弘治以来，郑纪、霍韬、邹守益，都是因为向东宫进献类似的《圣功图》而受到皇帝谴责，以焦竑的博闻广识，实在不该重蹈覆辙。前文提到，沈家与焦竑交情极深，沈德符对祖父当年在乡试中提携焦竑一事相当自豪。连他也对焦竑献书表示不解，其他人的想法更不待提。甚至到了清代修《四库全书》时，四库馆臣在《钦定四库全书总目》中也说，太监陈矩不会无端献书，可见“当时物议，实有其因，未可尽委之排挤也”。

总之，焦竑编纂《养正图解》，本当出于公心，他也为此书付出了很多心血。然而他不善于处理人际关系，有时也显得相当冒进。正如《明史》中写到，“既负重名，性复疏直，时事有不可，辄形之言论，政府亦恶之，张位尤甚”。这也成为他仕途的转折点。

出任东宫讲官之年，焦竑还受命参加明代国史的编修工作。尽管焦竑进入翰林院时就受封修撰，但当时修国史工程尚未启动，修撰只是个虚衔。万历二十二年(1594)，礼部尚书陈于陛上书，议修国史。皇帝批准设立史局，以内阁首辅、大学士王锡爵为总裁，沈一贯、陈于陛等人为副总裁。陈于陛非常赏识焦竑的才学，希望由焦竑专领修史之事。焦竑虽然谦逊推辞，但仍尽心参与史局事务。在此期间，他撰写了《论史》与《修史条陈四议》，提出他对国史编修原则与史局组织方式的看法。

在《论史》一文中，焦竑指出编修国史工程浩大，必然需要众人参与。然而参与人员一多，则又无法保证修史的质量。这是编修国史方式上的一对矛盾：

> 古之国史，皆出一人，故能藏诸名山，传之百代。而欲以乌集之人勒鸿钜之典，何以胜之？故一班固也，于《汉书》则工，于《白虎通》[①]则拙；一欧阳修也，于《新唐书》则劣，于《五代史》则优，此其证也。今之开局成书，虽藉众手，顾茂才雅士，得与馆阁之选者，非如古之朝领史职而夕迁之也。多者三十年，少者不下二十年，出为公卿，而犹兼

① 《白虎通》，又名《白虎通义》《白虎道德论》。东汉章帝建初四年(79)，朝廷召开白虎观会议，讲议五经异同，意图弥合今文经学与古文经学的差异。会议的结果由班固编成《白虎通义》一书，简称《白虎通》。该书以今文经学为基础，初步实现了经学的统一。

翰林之职，此即终其身以史为官也。自非遴有志与才者充之，默然采其曲直是非于中外雷同之外，以待他日分曹而书之所不及，吾不知奚以举其职哉？

按照焦竑的想法，成立史局固然是必要的，但史局必须选择“有志与才者”，而且要做好二三十年修史的准备。这似乎是在暗示当时召入史局的人员中有很多素质不高，只为一时糊口求财而来者。在《修史条陈四议》中，焦竑进一步指出，史局一开，各种请托、营私现象便不可遏制：

国初修书，多招四方文学之士，不拘一途。近日内阁题请，实合此意。但世道日衰，人情不美，未得学行之人，徒为奔竞之地。其于纂修，无益有损。况今承明，著作之廷，济济多士，供事有余，宁须外索？中惟星历、乐律、河渠三项，非专门之人，难于通晓。宜移文省直，访有精通此学者，或召其人，或取其书，史官就问，大加润删，以垂永久。此外决当谢绝，勿启倖门。至史馆两房中书，本供缮写，今始事之日，方翻阅遗文，搜讨故实，下笔之期茫无影响，誊录之官安所用之？而已窃大官之供，同太仓之鼠，甚属无谓。似当暂为停止，俟他日脱稿之后，经总裁改定，方可取用。量为资给，不但冗费可裁，而亦侥幸少抑。

当时修史仍在准备之中，下笔尚遥遥无期，史馆中便已经安排了誊录之官，这明显是为了领饷而设。前文提到，焦竑在北京为官时，其妻赵氏的一位中表亲要她带话，请焦竑帮忙，被赵氏严词拒绝了。那次请托很有可能就与史局事务有关。在焦竑看来，朝廷里人才济济，完全能胜任修史任务，根本无须外聘。而真正需要专业人才辅助的，是星历、乐律、河渠三方面内容，这样才能提高“志书”部分的质量。

国史中的另一重要部分，是人物传。在对历史人物的评价依据上，焦竑也提出了自己的见解。他指出，当时史局收到的材料，以台省官员奏疏和士大夫家族提供的墓志铭、行状为主。但这些材料的真实性是值得怀疑的。就台省官员奏疏而言，“忠臣义士感时抗论，匡主犯颜，其中崇论竑议，不谓无之，而任性附会，轻摇笔端者，其徒实繁也”。这就是说，官员在奏疏中所表现出的“公而忘私”，甚至不惜触怒君主、冒死直谏，的确可能出于忠义之心，但也不排除有任意附会、沽名钓誉之徒。事实上，在焦竑看来，属于后一类的官员人数还相当多。

至于私家进呈的墓志铭、行状，则更不可靠。焦竑指出，古代墓志铭上只写生死时日而已，只是为了防止沧海桑田之变。然而现在的墓志铭，都是子孙为了表彰先人而作，通篇充斥溢美之词。这也就是所谓的"谀墓"。针对这一问题，焦竑提出"章奏采矣，而又参之时论；志铭收矣，而又核之乡评"(《论史》)的处理方法。也就是说，在阅读奏章与志铭材料的同时，还要结合时论与民间公议，才能对个人做出全面评价。与此同时，还应该着意访求那些事迹未见流传的忠直之士，以及穷乡僻壤的孝子贞女。总之，人物列传不能贵贱有别，只收录高官名宦，而应当"贵贱并列，不必以位为断"(《修史条陈四议》)。唯有这样，才能撰写出一部信史。

此外，焦竑还主张为建文、景泰二朝立帝纪，"以其临御一时，犹难泯没，所谓国可灭，史不可灭也"。而不应当沿袭前代建文附太祖、景泰附正统，即"孙蒙祖号，弟袭兄年"的旧例。(《修史条陈四议》)

在史料搜集与整理方面，焦竑检索查阅宫中藏书后，感觉缺漏甚多，修史工作无从下手。他建议朝廷知会地方，"责成省直提学官加意寻访，现今板行者，各印送二部。但有藏书故家，愿以古书献者，官给以直；不愿者，亦抄写二部，一贮翰林院，一贮国子监，以待纂修诵读之用。即以所得多寡为提学官殿最。书到，置立簿籍，不时稽查，放失如前者，罪之不贷。此不但史学有资，而于圣世文明之化，未必无补"(《修史条陈四议》)。

从这两篇议论可以看出，焦竑对于纂修国史一事投入了巨大心力，希望修成可以真正传之百代的作品。他本人在史馆中，也是日夜不休，整理抄录历朝训录，以及各地征集而来的碑铭、志状、表传，甚至小说笔记，也都一一过目。在这段时间，他还常常动用私交，请友人为他提供更多素材。

然而到了万历二十四年(1596)，提议修国史的陈于陛病逝于任上。没过多久，总裁官王锡爵也致仕回乡。朝中渐渐出现了反对修史的声音，而史局中则更加人浮于事、弊端丛生。此时焦竑正身陷《养正图解》的舆论风波，加之修史工程遇阻，颇感身心疲惫。他在给友人的书信中写道："弟碌碌京尘，自觉可厌。故山时入梦寐，又未能即遂，奈何！"(《与张叔广》)在京城为官数年,焦竑对于这座城市已经心生厌倦,他眼中的“碌碌京尘”再也没有“帝城芳景倍他乡”的明丽动人。他开始思念家乡,甚至出现了一丝避世退隐的情绪。然而焦竑对修史一事仍没有放弃。他对同事刘某说:“金马浮湛,聊以避世,乃世复不容,则有投劾去耳。同馆兄弟得一二人,为时宣力,即足慰焉,殆不必己出也。”(《答刘翰编》)

万历二十五年,宫城意外失火,熊熊大火将史馆三年来搜集的材料与书稿也付之一炬。只有焦竑手中,还保留了个人抄录的部分材料。在此基础上,焦竑于日后编写了《国朝献征录》与《国史经籍志》。这两部著作,也是此次修史工程仅存的遗产。在处理火灾善后事宜时,张位借机奏请关闭史馆,国史纂修工程至此彻底终结。

就在这一年秋,焦竑又奉命担任顺天府乡试副主考官。当时的他不会意识到,更大的政治风暴即将到来。

顺天府乡试又称“北闱”,因为在首都举行,考生中不仅有京畿地区的士子,也会有京官子嗣、国子监生。可以说,北闱是全国最重要的乡试,考官一般出自翰林院。尽管北闱的录取比例比他省乡试要高,但因为应试群体复杂,种种科场舞弊、贿赂考官的事端屡见不鲜。《明史·选举志》说顺天乡试“贿买钻营、怀挟倩代、割卷传递、顶名冒籍,弊端百出,不可穷究,而关节为甚”。久而久之,攻讦指摘北闱科场舞弊,也成了官场排除异己、挟私报复的手段。万历十三年(1585)乙酉科乡试,就曾因考生冒籍闹得沸沸扬扬,最终导致八名考生被革去功名,正主考张一桂则被调往南京。

此次丁酉科北闱,考官原本应当从詹事府春坊官中按序依次产生。春坊是掌管皇太子教育的机构,古已有之。至明清时期,春坊受詹事府统领,实际上是翰林院编修、检讨升转之阶,并没有下属机构。春坊官有谕德、中允、赞善等衔。前文提到的朱常洛六位老师中,排在首位的郭正域就是谕德,为从五品官,因此他在翰林院的身份比焦竑这位从六品的修撰要高。然而不知为何,当顺天府请朝廷指派考官时,万历皇帝却任命了春坊中允全天叙为主考,而以非春坊官的焦竑为副主考。这可能是考虑到考官任命的规律性太大,请托作弊更难以控制,所以想来个出其不意。在得到任命消息的第二天,焦竑就以副主考的身份入场,其本人也相当诧异。这样一来,原本应当担任考官的人选,则对焦竑大为嫉恨,在任命消息传出的当天，便开始制造流言，恶语中伤。

由于焦竑本人曾久困科场，深知考生的艰难，故其担任副主考时，对每份试卷都仔细评阅。然而直到放榜前两日，他仍没有发现出类拔萃、可以毫无争议置于首位的那份答卷。于是他又翻看那些已被删落的考卷，没想到果然发现了遗珠。有一位考生的头场文章，就令焦竑击节称快，把三场答卷都看完后，焦竑拍案叹道："这位考生必将成为大儒！"于是焦竑将这位考生拔为乡试第一名，即解元，而他就是日后在农学和引进西学方面都极有作为，官至礼部尚书、内阁次辅的徐光启（1562—1633）。

乡试结果公布之后，非议随之而起。有人发现，中式考生中的吴应鸿、汪四论、曹蕃、郑芬等九人，"文多险诞语"[①]。所谓"险诞"，是指文章风格奇诡，多引用道家经典中的老庄语。众所周知，明清时期科举考试的题目，都出自儒家经典，而考生作答的文体，则是八股文。这种文章不仅格式、字数都有严格限制，而且对儒家经典的解读必须与朱熹相同，决不能自由发挥。引用老庄之语的答卷居然在中式之列，这是考官的严重失误。在大学士张位、詹事府詹事郭正域的支持下，作为言官的六科给事中项应祥、曹大咸、杨廷兰等捕风捉影，指责焦竑接受考生贿赂，徇私取士。

面对这样的指控，焦竑连忙上疏为自己辩白。他在《谨述科场始末乞赐查勘以明心迹疏》中，对整个考场阅卷的过程进行了详细说明。前文已提到，对于科举考试中涉及"五经"的题目，考生可以自选一经答题。考官的分工模式，则是正考官评阅《易》《书》二经试卷，副考官评阅《诗》《春秋》《礼记》三经试卷，二者各不相涉。而身陷争议的吴应鸿、汪四论、曹蕃、郑芬之考卷，都是正考官全天叙所取。他们的文章有无问题，都由主考官裁决，而非焦竑可以左右。

至于被焦竑所取的曹蕃，选作的是《礼记》题。在"五经"之中，《春秋》与《礼记》原为冷门，佳卷极少，乡试中以《礼记》入试者，只有一百八十人。焦竑认为，曹蕃的试卷在这些人中，的确出类拔萃，所以将他定为第一。如果有人质疑他评卷不公，完全可以复查所有落卷，优劣自可分明。然而造谣之人却认定焦竑与分校官何崇业收了曹蕃的贿赂，甚至有"千金

① 张廷玉：《明史》卷二百八十八《列传第一百七十六·文苑四》，中华书局，1974年版，第7393页。

一掷”之语。但“千金”到底给了谁？经谁之手？有谁为证？全无半点实据。在焦竑看来，何崇业与曹蕃都来自苏州，从这层关系上说，曹蕃有没有贿赂，当问何崇业。而曹蕃作为苏州籍考生，没有入北京国子监，却被允许参加顺天府乡试。这在当时属于冒籍，该去审问礼部官员。然而现在所有的指责都针对自己，实在令他难以接受。

在九位问题考生中，汪四论与焦竑的确有过私交。汪四论为选贡生，品学兼优，曾经为焦竑的儿子授课三个月，因此是焦家的塾师。对于这点，焦竑并不否认。然而焦竑认为自己心底坦荡，毫无徇私之意。当年他的两个儿子本应该参加乡试，但由于焦竑被任命为副主考，所以遵例回避，并未入场。而朝廷从未规定考官家里的塾师也要回避，这说明他和汪四论之间的关系构不成任何话柄。

概言之，焦竑在入场前一天才接到任命，即使有受贿、徇私的想法，也不可能在一日之间与数位考生达成交易，而在批阅试卷之时又做到只手遮天。对他的质疑，从逻辑上是说不通的。然而令焦竑更为愤懑的是，言官们只弹劾他这位副主考，而对主考官的责任却避重就轻。这更是颠倒是非，显然有挟私报复的成分。

另一方面，为增加焦竑的罪状，给事中曹大咸等人还翻出了徐性善一案，说焦竑在奉使南还时，曾向徐某借钱买房。徐性善原为京师富商，后出钱捐了光禄寺署丞一职，因此得以结交朝中大员。他与不少官员做过灰色交易，通过贿赂后者，而得到机会染指宫中财物。例如他曾购房赠予吏部侍郎徐检庵，后者在此基础上扩建宅邸。万历十八年（1590），御史黄卷因向徐性善索贿不得，转而揭露他偷盗内府财物。最后徐性善被流放，家中财产遭到籍没。不过徐性善的罪名在万历十八年间已经坐实，而焦竑前往河南开封册封周王藩属的颍川、沈丘二郡王，事后南还探亲，则是万历二十年之事。从时间上说，焦竑不可能在此时向徐性善借钱买房。而且徐氏的账本上，也并没有焦竑向他借钱的记录。

此外，焦竑还被扣上私役水手、隐占军丁、克扣粮饷等为祸地方的罪名。这似乎是将焦竑与王莽、曹操、司马懿、桓温等“乱臣贼子”类比，暗示焦竑为祸朝廷，所图非小。对这些无端罗织出的罪名，焦竑也一一进行了回击：“臣非县官，安得私役水手？臣非将官，安得隐占军丁？所扣粮饷，不知出于何衙门？问之大咸，不能置对者。夫莽、操、懿、温，古之篡逆乱臣也，自非手握重兵，威权震主者，未易以此拟之。而大咸不难以加臣，则其余固不足道也已。”（《谨述科场始末乞赐查勘以明心迹疏》）

事实上，此次科场案的情节并不复杂，针对焦竑的几项指控都没有真凭实据。是非黑白，自有公论。可是随着王锡爵、陈于陛等大员离任，焦竑在朝中已失去了有力的支持，而发难一方背后却有张位与郭正域站台。因此，朝中虽不乏同情焦竑者，可敢于站出来为焦竑说话的却屈指可数。无论焦竑如何剖白，也未能扭转败局。

万历二十六年春，焦竑被贬为福建福宁州同知。在当时的官僚体系中，一州的正印官是知州，同知只是个毫无实权的佐贰官，为从六品。与翰林院修撰相比，尽管品秩没有降低，但焦竑在仕途上已再无继续发展的可能。而且以“状元”的身份而担任地方副职，也令人感到耻辱。当时与他作伴南下的，是好友李贽及数位僧人。舟中无事，焦竑拿出宋代郭象编纂的《睽车志》一书给李贽看。由于宋高宗喜鬼神事，所以郭象在此书中搜罗了大量鬼怪神异故事，以迎合高宗趣味。李贽选择了其中最审慎切实的部分，每天仔细地抄录于纸上，给僧人们传阅。晚上则令众僧诵《法华经》与《往生神咒》，以超度水神水鬼。后来李贽决定写一篇发愿文，开头便写“焦弱侯状元与余联舟”，作为事件的起因。焦竑见后却说，“状元”两字就不必写了。李贽不解地问道：“为何不必写？鬼神中也有仰慕贤人的，退一万步说，‘状元’二字也能让鬼神产生敬意，写有何妨？”焦竑答道：“只能吓鬼而已，哪能让鬼产生敬意呢？”李贽听后不觉发笑，他一语双关地说：“确实只能让鬼产生敬意，吓鬼是不可能的。你要是真能吓鬼，今天就不会在这船上了。”说完，李贽与焦竑都大笑不止。

李贽说焦竑不能“吓鬼”，显然是将构陷他的张位、郭正域之流比喻为“鬼”。而焦竑说“状元”二字只能“吓鬼”，则表达出他的失落与自我怀疑。作为王学后人，焦竑信奉知行合一，十年身处庙堂，不忘江湖之远，几次为灾区百姓上疏。在教导皇长子、编修国史、主持顺天府乡试等几项工作中，都尽心竭力。他一心想要多行实事，有着士大夫治国平天下的抱负。然而最终败于残酷的现实，令自己身陷绝境。

焦竑离京后，万历朝频繁的官场倾轧和人事变动不断升级，官场上的悲观情绪日益蔓延。很快，曾经相当强势的张位，也因与翰林院官员不合而遭到弹劾，万历皇帝给他停职闲居的处分。不久后，又发现妖书《忧危竑议》，御史赵之翰检举张位是主谋，万历皇帝下诏，将其革职为民，亲友也受到株连，可见当时官场权力斗争之激烈。然而焦竑被贬，却是无法挽回的了。焦竑的门生陈懿典在给老师的信中写道："有名世真人而不蚤用，又不能容之朝，已出世纲而矰弋犹未已，则不但门墙之所扼腕，亦贤士大夫之所不平也。"(《寄焦老师》)袁宏道也感慨："宦途薄恶，情态险仄可笑，无论师不欲闻，即弟子亦不欲言之。"(《焦弱侯座主》)这些弟子们除了对焦竑的遭遇感到不平、不忿之外，也由此生出一种末世的凄凉无奈情绪。焦竑任福宁州同知的次年，又在"大计"中被纠，再次降职。这次，他索性辞掉职务，致仕回乡。焦竑的人生，又将翻开新的一页。

第四章　优游林下

万历二十七年(1599),焦竑正式辞官回乡,时年六十岁。他在《初还退园作》一诗中写道:

咫尺柴门即水滨,无边清兴逐时新。
镜中白发堪知我,坐上青山自可人。
老去服车空有志,愁来弹铗不因贫。
寂寥赖是遗编在,拟草玄经笔有神。

焦竑的"退园",在北门桥豆巷一带,距清凉山不远。同样军卫出身的张文晖也住在此处。据张文晖父张镗所言,多年前有一位堪舆家曾对他说:"君宅后之河,自西而东,所谓'一弯辛水向东流'也。此地宜出状元。"(《客座赘语》)当时大家都以为"状元"会是张家公子。后来焦竑移居到张家对门,并成为己丑科状元,正应验了那位堪舆家的话。不过张文晖也于两科后中式,官至长芦盐运使。焦竑诗中写到退园"咫尺柴门即水滨",就是指其家宅不远处的"一弯辛水"。而"坐上青山自可人",当指清凉山。

尽管家宅周边景色宜人,但焦竑初回南京时,心情依然失落而惆怅。其前半生在科举之路上艰难前行,虽然成功时已过半百,但依然充满政治热情,希望在仕途上有所建树。入职翰林院后,焦竑的才华也的确得到过名臣陈于陛、首辅王锡爵等人的推重。然而宦海十年,最终惨淡收场,焦竑心中的不服、不甘可想而知。诗中"老去服车空有志"一句,表明作者并非无意于仕进。"愁来弹铗不因贫",则引用了战国时期孟尝君与门客冯谖的典故。冯谖弹铗,是由于贫乏不能自存而发牢骚,而焦竑"弹铗",则是因为冤屈与耻辱。然而在当时的局面下,要想重新获得朝廷重用,几乎没有可能,因此只能接受现实。在诗作最后一句"拟草玄经笔有神"中,焦竑又引用了汉代扬雄著《太玄经》的典故。扬雄在汉成帝、哀帝、平帝三朝为官，但因不擅权术，恬于势利，始终未能发达。但扬雄好古乐道，意欲借著述而成名于后世。这也是焦竑寻求心理慰藉的唯一方式。

在焦竑初回南京的这段时间，其诗作中表达出的情绪多与《初还退园作》相似。可见与许多主动辞官的士大夫不同，焦竑对于自己在京城的遭遇依然不能完全释怀。要真正享受“优游林下”的闲适生活，还需要一段心理上的过渡期。如他在《赠别》诗中写到：“一落世网中，去家八九年。归来齿发凋，孤影凄自怜。人生无百岁，况乃多忧煎。违己讵非迷，负此区中缘。抱甕差自适，摊书聊息肩。矫矫巢居子，千古称高贤。”（《焦氏澹园集》）

在这样的心境下，焦竑慢慢适应着致仕后的生活状态。在其人生的最后二十年中，读书著说、交游讲学成为日常生活的重心。表面上看，这与焦竑入仕之前的生活十分相似。但事实上，科举成功与入仕经历已经在很多方面改变了一位士人的身份与处境。

首先是家庭经济状况的改善。焦竑本人从未在诗文中谈到过这个问题。致仕还乡之后，他喜欢这样描写自己的生活：“自予弃缨绥，穷巷长栖托。世氛中道贫，夏气南荣薄。坟藉仍旧业，榱椽无改凿。林卧阅代兴，天游恣寥廓。”（《焦氏澹园集》）尽管如此，焦竑早已不是当年需要到沈启原家抄书的寒门士子。

焦竑的退园，就是焦家的老宅。但在内部结构与规模上，当有所增饰与扩建。福建人徐𤊹在拜访焦竑后，曾作《寄题焦弱侯太史别业》二首，其中之一写道：

谢公遗迹冶城边，水竹新开井径烟。
争地不同王介甫，营园还拟李青莲。
梵声缥缈喧庭际，塔影依微落槛前。
腰下银鱼焚莫早，销来犹足买山钱。

“王介甫”即北宋大思想家、政治家王安石（1021—1086）。王安石为江西临川人，他与南京有着不解之缘，罢相后卜居南京，造半山园。而“李青莲”则是唐代大诗人李白。诗中“争地不同王介甫，营园还拟李青莲”一联，说明对谢公墩的具体地点，世人说法不同。当年王安石在南京建半山园时，说该处即为谢公墩。其《谢公墩》一诗中曰:“我名公字偶相同,我屋公墩在眼中。公去我来墩属我,不应墩姓尚随公。”这就是王安石与谢安“争地”典故的由来。然而此前李白客游南京时,也做过《登金陵冶城西北谢公墩》诗,其中有“冶城访古迹,犹有谢安墩”一句,意谓谢公墩在冶城附近。而根据徐㶿的诗,焦竑显然是持后一种说法,以强调退园所在地的文化底蕴。而诗中“水竹新开”“营园”等句,都说明焦竑的退园的确有着园林的构造。

不仅居住条件改善了,而且焦竑还有了自己的藏书处——五车楼,这大概是他年轻时就有的梦想。焦竑的私家藏书极为丰富,号称“南中第一”。绍兴藏书家祁承㸁(1563—1628)在《藏书训略》中说:“金陵之焦太史弱侯,藏书两楼,五楹俱满,余所目睹。而一一皆经校雠探讨,尤人所难。”(《澹书堂藏书约》)至明末清初之际,南京又出了位著名藏书家,名叫黄虞稷(1629—1691)。黄虞稷为福建晋江人,崇祯年间随父亲黄居中移居南京。黄居中善藏书,其千顷斋藏书六万余卷。黄虞稷在此基础上,进一步充实收藏,并将藏书楼改名为千顷堂,在江南一带声名甚著。然而黄宗羲(1610—1695)在给黄虞稷的赠诗中却称“秣陵焦氏外,千顷藏书多”,可见时人认为千顷堂藏书量仍不及焦竑藏书楼。对于这一点,黄虞稷本人也相当认同。明清鼎革之后,黄虞稷曾与另一位金陵藏书家周亮工(1612—1672)之子周在浚一同发起征书活动,希望能搜集、重刻劫后幸存的善本图书,尤其是唐宋秘本。他们都一致认为:“明代藏书之富,南中以焦竑为第一。”(《征刻唐宋密本书目》)

尽管在当时的士大夫阶层中,收藏图书是一种普遍的爱好,但如此大规模的私人藏书必定所费不赀。顾起元在给焦竑撰写的墓志铭中说,焦竑对珠宝玩器都无所好,唯爱收书。“金题玉躞,得之若惊,锦轴牙签,森若未触。把翰赍素而访,卖金鬻衣以求。可以下兼戚氏南都之奇,上敌汉家东观之富。又且摩挲彝鼎,品藻丹青,彦远历朝名画之评,原父先秦古器之记,手揣真赝,口析是非。要是游艺所资,匪徒玩物而已。”(《翰林院修撰澹园先生焦公墓表》)这也反映出焦家经济状况的改善。

其次,此时的焦竑虽然仕途失意,但其在文坛上的地位却未受影响。他对心性之学的感悟,早已得到泰州学派耿定向、罗汝芳等人的首肯;作为士子,他获得了“状元”这一最高荣誉;在翰林院时,曾为皇长子讲学;又曾主持乡试、会试，门生众多。这些资历都不断推高着焦竑的声望，使他被视为东南儒者之宗。他在顺天科场案后遭到纠劾，最终归田屏居，但很多人仍认为焦竑"抱经国才，具人伦鉴，宜致位宰相，丞弼天子"（《翰林院修撰澹园先生焦公墓表》），对他推崇备至。

尽管焦竑自称性格孤傲耿直，但他自年轻时起便热衷于交游，并非落落不合群之人。随着年龄增长，焦竑的人脉网络也在不断扩展。我们说过，当时的士人交游圈中，有着明确的"主客"关系。"主"要对"客"有所庇护、扶助、奖掖、提拔。早年焦竑更随耿定向求学，二人之间既有师生之情，也有主客之谊。因此焦竑一生都对"耿先生"崇敬感恩。自从焦竑得中进士并走上仕途，其在交游圈中的地位就逐渐"反客为主"了。他在北京时曾主持会试、乡试，自然门生不少。据《日照县志》记载，当地士子们也有很多投入焦竑门下。其中安重、李蕃两人随焦竑学习时间最久。在其提携下，他们分别于万历三十五年（1607）和万历四十一年得中进士。

焦竑致仕之后，无论旧友新朋，凡到南京来者，多要造访焦府。甚至意大利传教士利玛窦在南京时，也了解到"南京城里住着一位显贵的公民，他原来得过学位中的最高级别。中国人认为这本身就是最高的荣誉。后来，他被罢官免职，闲居在家，养尊处优，但人们还是非常尊敬他。这个人素有我们已经提过的中国三教的领袖的声誉。他在教中威信很高"（《利玛窦中国札记》）。由于这一原因，利玛窦也通过关系拜访了焦竑。正如顾起元所描写的，当时不仅文人士子们要结交、追随焦竑，"其他担簦蹑履之客，怀书仗剑之儒，黄冠羽衣之徒，赤髭白足之侣，或挟刺以求通，或望门而投止"（《翰林院修撰澹园先生焦公墓表》）。

焦竑辞官回乡之时，也正值南京艺文圈最为繁荣、活跃之际。此时江南承平无事，嘉靖倭乱时造成的社会恐慌已逐渐消逝，经济也逐渐恢复。而万历年间的"壬辰倭乱"，虽然已经暗示出明王朝面临的军事与经济危机，但国人却并未在意。那时的南都，正是"海宇承平，陪京佳丽，仕宦者夸为仙都，游谈者指为乐土"[①]的极盛时期。

所谓"仕宦者夸为仙都"，是指南都官员生活甚为闲适。永乐北迁后，

① 钱谦益:《列朝诗集·丁集卷七·附见金陵社集诗一十六人》,《续修四库全书》,第1623册,第625页。

南京由国都降为陪都,政治氛围日渐宽松。尽管在这里保留了六部、都察院、大理寺等全部中央行政机构,但重要性不能与北京相提并论。时人称,"南吏部不与铨选,礼部不知贡举,户部无敛散之实,兵部无调遣之行,视古若为冗员"[①]。然而也正是因为南京官员不握实权,故形成一种更为逍遥闲适的文化环境,与北京官场上明争暗斗的紧张气氛截然不同。结社、交游、宴饮俨然成为一种官场文化,也是官员日常生活的重要内容。既然是宴游雅集,当然以人多热闹为妙,新朋故交皆可为座上宾。于是官员群体之外的士子、山人等则作为"客"被引入圈子。其时各方词客汇聚金陵,盛况空前。正如于若瀛感叹:"六朝往千秋来,人文渊薮,孰不首金陵也者,而人文之盛,又孰如今日也者。人不必金陵而萃金陵,则金陵胜。"(《词林雅集序》)

南都官场上,自然不乏焦竑的知交。其中一位重要人物,是祝世禄(1539—1610)。祝世禄,字延之,号石林,又号无功,江西饶州府德兴县人。其人善书法,尤精草书,纵逸潇洒,刚中有柔。祝世禄曾从耿定向学,与新安潘士藻、芜湖王德孺并为其三大高弟。尽管不知祝世禄与焦竑何时初识,但二人都为耿门弟子,这是第一层关系。同时,祝世禄为万历十七年(1589)进士,与当年的状元焦竑为同榜,这又令二人间的关系更近一步。祝世禄曾为休宁县令,万历二十三年考选南京吏科给事中。吏科给事中只是个七品官,但作为言官,能够察劾吏部官员。当时万历皇帝在政务上日益荒怠,南京官往往缺员不补。这导致南京吏、户、礼、兵、刑、工六科,只有祝世禄一位给事中,故以一人掌六科印,品秩不高,权力却不小。

祝世禄为人亲切和易,有人形容其"处人如甘草"。当年新安人潘士藻初至京城,参加耿定向等人的讲会,格外茫然,就像外国人在听中国话。祝世禄就时时启发、鞭策这位同门,直至他有所顿悟。后来祝世禄在赴南京任的途中,还结识了传教士利玛窦。祝世禄对这位外国传教士,也表现出了极大的包容,不时予以帮助。在南京为官时,祝世禄结交更广。由于他能引荐寒士,故而山人词客都投其门下,祝世禄几乎是来者不拒。

焦竑与祝世禄年龄相仿,关系相当亲密,他曾为《祝氏族谱》以及祝世

① 顾起元:《客座赘语》卷二《两都》,第36页。

禄的诗集《环碧诗稿》作序。当然，有祝世禄这样的官场朋友，焦竑的交游圈自然也不断扩大。例如他与传教士利玛窦的会面，很可能就是由祝世禄引介的。根据利玛窦的记载，他的确到过焦竑家中，不仅见到了焦竑，还遇到了李贽。其日记中记载："他家里还住着一位有名的和尚，此人放弃官职，削发为僧，由一名儒生变成一名拜偶像的僧侣，这在中国有教养的人中间是很不寻常的事情。他七十岁了，熟悉中国的事情，并且是一位著名的学者，在他所属的教派中有很多的信徒。这两位名人都十分尊重利玛窦神父，特别是那位儒家的叛道者；当人们得知他拜访外国神父后，都惊异不止。"（《利玛窦中国札记》）这一年，徐光启也来到南京，拜见座师焦竑，这也促成了他与利玛窦的第一次会面。后来徐光启在南京受洗加入天主教，教名保禄（Paul）。日后徐光启成为东西文化交流先驱，追根溯源，也与南京以及焦竑、祝世禄等人密不可分。

当时在金陵士人圈中，还有一个重要的文化赞助人，名叫曹学佺（1574—1646）。曹学佺，字能始，福建侯官人，万历二十三年（1595）进士。那一榜的状元即南京人朱之蕃（1546—1624）。曹学佺于万历二十五年授户部主事，后调南京添注大理寺正，在南京为官凡七年。与祝世禄一样，曹学佺也好结交。钱谦益曾评价道："闽人曹学佺能始回翔棘寺，游宴冶城，宾朋过从，名胜延眺。缙绅则臧晋叔、陈德远为眉目，布衣则吴非熊、吴允兆、柳陈父、盛太古为领袖。台城怀古，爰为凭吊之篇，新亭送客，亦有伤离之作。笔墨横飞，篇秩腾涌。此金陵之极盛也。"[①]

曹学佺是张位的门生。由于焦竑与张位曾经的过节，曹学佺在与焦竑交往时大约有些尴尬。然而张位此时已被贬为庶人，处境比焦竑还要悲惨。因此焦竑对曹学佺不仅没有成见，而且还时时勉励他。《焦氏澹园集》中有《曹能始嘉篇见诒微及往事赋答》一诗曰："握兰辞上国，佐棘向陪京。一藉栖鸡树，雄飞览凤城。平反推政术，著作表公卿。未蹑青云步，方传白雪声。济川看放义，伐木定迁莺。忆昨差池日，曾同缯缴惊。陆沉吾敢怨，波及尔何名。留滞才堪惜，盈虚理自明。骞腾知有待，翘首赤霄行。"可见曹学佺曾向焦竑表达自己不被重用的苦恼，也提及焦竑过往遭

① 钱谦益：《列朝诗集·丁集卷七·附见金陵社集诗一十六人》，《续修四库全书》，第1623册，第625页。

遇的冤屈。焦竑则劝慰曹学佺不要灰心，终有一天“盈虚理自明”，便可“翘首赤霄行”。

当然，在焦竑的交游圈中，南京本地人士的网络也极为重要。在这个群体中，有焦竑自幼结识的研友，也有姻戚与通家之好。而从科举成就上看，他与朱之蕃、顾起元可谓万历中期金陵士子中的典范。自焦竑于万历十七年(1589)成为状元之后，朱之蕃又在万历二十三年乙未科廷试中拔得头筹。而顾起元则为万历二十六年会元，即会试第一名，后在廷试中定为探花。十年之中，南京出了两位状元、一位探花，既是异事，更为美谈。

朱之蕃为南京锦衣卫籍，与焦竑出身相似。成为状元之后，也同样授翰林院修撰。因此，他还曾与焦竑在翰林院共过事。此后朱之蕃进为礼部侍郎，改吏部侍郎。万历三十三年奉命出使朝鲜。后以丁母忧回乡，不复出仕(图七)。

图七　朱状元故居梁架

顾起元出生于嘉靖末年，比焦竑、朱之蕃年幼二十余岁。他的父亲与焦竑曾是应天府学的同学。顾起元于万历二十五年乡试中式，次年会试连捷，成为探花，授翰林院编修。此时顾起元三十岁出头，正当意气风发之时。但与焦竑相比，他的从政热情并不高。万历三十二年，顾起元以分考官的身份主持甲辰科会试。不久之后便乞归还乡，在京为官仅仅六年。

随着顾起元、朱之蕃在万历三十二、三十三年相继归乡，焦竑与他们之间的交往也日渐热络。除焦、朱、顾三人之外，他们的小圈子里还有一人，名叫余孟麟。余孟麟（1537—1620），字伯祥，号幼峰，南直隶祁门县人，后落籍南京。他比焦竑年长四岁，但早在万历二年（1574）就中了进士，廷试一甲第二，也就是榜眼，授翰林院编修。至万历十七年，也就是焦竑成为状元的那一年，余孟麟以侍读学士的身份掌南京翰林院事，回到故乡。万历二十年又成为南京国子监祭酒。焦竑在《余幼峰先生像赞》中形容其"貌逡逡而若却，目炯炯而有神；渊然不可窥者其雅量，浩然不可御者其雄文"（《焦氏澹园集》）。这四人都曾列殿试一甲，也都当过翰林，有很多共同话语。如今致仕在乡，悠然闲适，他们时常相约登高泛舟、行酒赋诗，徜徉于金陵山水城林之间。

当是时，旅游风气日益盛行。无论布衣仕宦、男女老幼，都热衷于前往名山大刹，观览胜景古迹。在士人阶层中，则崇尚"壮游"与"雅游"。"壮游"指长途游历，最著名的当属江阴人徐霞客。"雅游"则强调游览与宴饮活动及诗词、书画创作的结合，游览范围多为城郊近处。这就导致了文人雅士对地方胜景的发掘、筛选、形塑、吟咏与描摹。焦、余、顾、朱四人自幼生长在秦淮，对金陵山水情感最深。余孟麟曾言："秣陵据有江山之胜，不啻崤渑河华[1]。明兴，为高皇帝故都，则商亳周镐，遐躅攸存，负壮游而称历览者，往往结辙于道。况当綦隆之际，履好文之朝，荐绅先生得以优游省闼，枕藉图书，作者响臻，彬彬乎盛矣。"（《秣陵集序》）于是便有了《雅游编》这部诗集，并从此奠定了金陵"胜景"的框架。

《雅游编》中共选出金陵名胜二十处，为钟山、牛首山、梅花山、燕子矶、灵谷寺、凤凰台、桃叶渡、雨花台、方山、落星冈、献花岩、莫愁湖、清凉寺、虎洞、长干里、东山、冶城、栖霞寺、青溪、达摩洞。余孟麟首先为这二十处胜景题诗，然后约焦竑、朱之蕃、顾起元同赋。当时焦竑所作的《和余学士金陵登览诗二十首》，就收在《焦氏澹园集》中。当这部书刊行之时，顾起元又请其座师叶向高（1559—1627）为之序。《雅游编》一经出版便引起轰动，时人以为盛事。

焦竑等人所常游览、寻访的胜景，多在山陵之上，故其诗称"登览诗"。顾起元也曾写到，南京可供登览之处，在城中有六，为清凉寺、鸡鸣

① "崤渑"，有时写作"崤黾"，古地名，指秦岭山脉东段。"河华"是黄河与华山的并称。

寺、永庆寺之谢公墩、冶城、金陵寺之马鞍山、庐龙寺之狮子山。在城外近郊则有十四，为大报恩寺塔、天界寺、高座寺之雨花台、方正学祠之木末亭、牛首之天阙、献花岩、祖堂山、栖霞寺之摄山、弘济寺、燕子矶、嘉善寺之一线天、崇化寺之梅花水、幕府寺之幕府山，以及太子凹之夹萝峰。“此二十处或控引江湖，或映带城郭。二陵佳气，常见郁郁葱葱；六代清华，何减朝朝暮暮。宜晴宜雨，可雪可风，舒旷揽以无垠，恣幽探而罔极。”①

在焦竑的《燕子矶放歌》中，我们就能体会到这种“宜晴宜雨”“舒旷揽以无垠”的登临乐趣：

明阴变无穷，开霁色若绚。
川柳发青条，山花吐红艳。
长安花柳正芳菲，仙观僧蓝映翠微。
连宵积雨淹龙藏，一日新晴上燕矶。
燕矶近出都门外，群从欢游拥轩盖。
披拂今同石壁行，衣冠似入香山会。
山壁逶迤阴霭连，氛霾如妒艳阳年。
高城雨脚下平地，隔槛浪头黏远天。
早起西来风势急，稍喜孤亭漏斜日。
川上春容向曙开，岸边天影随潮入。
渚蒲汀芷净如洗，陂鸟沙鸥闲自逸。
北岭烟消翠黛横，南峰雾尽青螺出。
语燕鸣鸠杂棹歌，江头花底奈春何。
醉来时作洛生咏，书罢还笼道士鹅。
丝竹何须羡金谷，觞咏真堪续永和。
几岁京尘缁化素，赏心何幸兼良晤。
胜侣旁探玉笈文，灵源不藉青鸾度。
过逢且挹洞中霞，世事还同草间露。
桃花日日武陵游，一任蓝舆自来去。

① 顾起元：《客座赘语》卷一《登览》，第21—22页。

在另一首《谢公墩同友人作》中，焦竑也由衷赞叹了金陵山川之美："金陵佳丽帝王州，往往古迹藏林丘。冶城逶迤一墩出，奔回灌注长江流。典午英贤棼籍籍，独为苍生起安石。西州花树春溟濛，林馆歌钟日盘辟。"(《焦氏澹园集》)与新朋旧友们雅游赋诗，享山水之乐，大约能令焦竑暂时忘却心中的烦闷。这也是他致仕之后日常生活的重要内容。

焦竑回乡之初，就在诗中写到"寂寞赖是遗编在，拟草玄经笔有神"，意谓他要学习汉代扬雄，著书立说，以遗后世。这并非只是一时兴起的空话。焦竑归乡里居的二十年中，笔耕不辍，其勤奋程度不亚于年轻时。他的学问素以"博洽"闻名，著述内容也相当广泛，自经学、理学、史学、考据学、目录学，乃至于佛学、道学，无所不包，在其生前就广为流传。顾起元在《翰林院修撰澹园先生焦公墓表》中写道：

> 先生之于学，真所谓终身以之者。《语》谓"忘老将至"，《书》称"惟日不足"①，微先生畴能当此者哉！其以此学，著书而传世也。明道本，则有《支谈》、正续《笔乘》《答问录》、正续《澹园集》《阴符解》《老庄翼》《理学名臣传》《养正图解》；述政体，则有《献征录》《玉堂嘉话》《国史经籍志》《忠节录》《京学志》；示博物，则有《焦氏类林》《金陵旧事》。它尚多笥藏者，要皆羽翼圣真，辉煌治理，追琢士行，检镜人风。

吴梦旸在为《焦氏澹园集》作序时也说："先生之文之行于世者，人皆诵习而宗之，而犹以不得尽窥其全为憾。"可见其著作数量之多。当时出版市场上甚至有商人假借焦竑之名，刊印假冒书籍射利。关于焦竑的代表性著作，将在最后一章中详细介绍。

作为心学大家，焦竑的生活也离不开讲学。焦竑早年师从耿定向讲求心性之学，对这位老师的感情尤其深厚。耿定向逝于万历二十四年(1596)。焦竑于万历二十七年辞官回乡后，就在清凉山旁的退园里挂上了耿定向先生的画像，并时时祭拜。当时到焦竑家中拜访的学者，也可一睹大师遗容。不久，焦竑的好友、吏科给事中祝世禄与南京工部都水司郎

---

① "忘老将至"语出《论语·述而》，原文为"叶公问孔子于子路，子路不对。子曰：'汝奚不曰，其为人也，发愤忘食，乐以忘忧，不知老之将至。云尔！'""惟日不足"语出《尚书·泰誓中》，原文为"我闻吉人为善，惟日不足，凶人为不善，亦惟日不足"。

中刘冠南，都认为焦竑家中太过局促，应该为先师耿定向建立专祠。于是三人在退园西面选定了一块地基，号召同门捐款，盖起了一坐耿定向祠，以杨起元陪祀。当时祠堂有三楹，堂后为依仁斋，可供学者们讨论学问，左边还有一间僧房，供守祠僧人使用。

两年之后，时任太仆寺卿与应天府尹的宣城人詹沂、王尧封再次倡告同乡，扩建耿定向祠。增盖讲堂三间，前有仪门，两边为厢房。又以剩余砖木建起旁舍，为前来听讲的学者提供住宿。当时南京兵部侍郎臧惟一、南京太常寺卿唐鹤徵、郑汝璧，应天府署印府丞徐申、都察院御史汪应蛟都大力襄赞。工程始自万历二十九年(1601)八月，至次年二月完工。"堂斋门馆严严翼翼，闳壮静密，为时伟观"。当时耿定向弟耿定力洽为南京都察院右佥都御史。他与焦竑等人一起完成了祭奠仪式，一时观者如堵，共相叹息。焦竑并为此撰写了《先师天台耿先生祠堂记》一文，记述建祠始末。

尽管焦竑师从于耿定向，从学脉上说属于泰州学派，但他从不自我局限，而是兼容并包，具有极强的思辨精神。他对泰州学派的代表人物罗汝芳(1515—1588)就有过质疑，甚至对老师耿定向，也并不盲从。据说耿定力在南京任官时，曾对焦竑之子说："世上有三个人说不听，难相处。"焦竑子问究竟是哪三位，耿定力答道："孙钅、李廷机和你父亲。"(《涌幢小品》)可见焦竑思想的独立性。最不能为时人所理解的，是其与李贽的交往。

李贽早年师从王襞，是泰州学派的重要人物。然而其思想在当时被视为狂悖，不为世人所容。与他私交最好的，除了马经纶外，大约就是焦竑。前文提到，焦竑于万历二十六年被贬为福宁州同知时，李贽与他联舟南下，同行的还有数位僧人。李贽在行程中让他们念经诵咒，超度水鬼水神，这都不符合儒家行为规范，焦竑却毫不介意。事实上，李贽早在万历十六年就剃了头发，索性做出一副"离经叛道"的模样。他的种种言行，引起众多士人的批评、鄙视乃至厌恶，但焦竑与李贽惺惺相惜，而且从未在朋友面前掩饰过自己对李贽的态度。

李贽曾说过，他与焦竑的性格中有相似之处，都太过认真。当年梅国桢(1542—1605)曾劝李贽事过便过，不要太认真。李贽对梅国桢说："世间戏场耳，戏文演的好和歹，一时总散，何必太认真乎？然性气带得来是个不知讨便宜的人，可奈何！"后来焦竑被贬，李贽也拿这番话来宽慰他，所谓“乐中有忧，忧中有乐”，“盖祸福常相倚伏，惟至人真见倚伏之机，故宁处忧而不肯处乐。人见以为愚，而不知至人得此微权，是以终身常乐而不忧耳，所谓落便宜处得便宜是也”（《与焦弱侯》）。尽管这番话未必能让焦竑解开心结，事过便过，却可让他在绝境中感受到朋友的温情。

万历二十七年（1599），焦竑正式辞官回乡后，曾经在家中招待李贽不少时日。后来传教士利玛窦在焦竑家里见到的“和尚”，就是李贽。此后李贽客游各地。万历三十年，礼科给事中张问达在首辅沈一贯的授意下，攻讦李贽倡乱惑世，将其逮捕，并焚毁其著作。当时已经七十六岁的李贽不愿在狱中遭受屈辱，以剃发为名，用剃刀割喉而死。据说他在死前血流两日，相当惨烈。焦竑得知消息后，悲愤异常。他不避牵连，写下《荐李卓吾疏》，作为对挚友的悼念。后来，焦竑又为李贽墓碑书写碑额，主持刊印了《李氏遗书》与《续焚书》，并将李贽《焚书》重新编辑刊印并为之作序。这些书籍的刊行，使李贽死后名愈重、书愈传，这也是焦竑能为好友所尽的全部心意了。

事实上，李贽与焦竑之间，也常有学问上的争论，但焦竑总能以理性、客观的态度对待个人观点的异同。这种包容性，使其思想自成一派。正如顾起元评价焦竑：“当世之君子，以道师人，各负其能，不相为下。先生皆与其人参承而就正焉，进而辨析莫逆于心，退而研求，各满其志。师天台而友温陵，朝德清而夕归善。人有同异，先生未始有其同异，先生无同异，人亦未始有其同异也。”（《翰林院修撰澹园先生焦公墓表》）这里的“师天台而友温陵”，是指焦竑既求学于“天台先生”耿定向，又与“温陵居士”李贽相善。“朝德清而夕归善”，则是说焦竑与浙江德清人许孚远（1535—1604）与广东归善人杨起元（1547—1599）也一同讲求学问。

焦竑在南京时，时常参加讲会。尤其在耿定向祠、罗汝芳祠与王阳明祠之讲会中，焦竑答问尤多。门人弟子将这些答问辑录成篇，刊布海内。在《焦氏澹园集》中，就收录了《崇正堂答问》《古城答问》与《明德堂答问》。其中《崇正堂答问》的成书时间不可考，而后两部答问，则与两次重要的讲学活动相关。

《古城答问》，是对焦竑万历三十一年新安讲学的记录。新安即古徽州，素有“程朱阙里”之称，是程朱理学的发源地。明中期之后，讲学之风也日渐盛行。谢与栋在《古城答问》中称:“新安之会,从来已久,岁必延耆儒巨公以主之,自甘泉、东廓而下,至今不绝。”(《焦氏澹园集》)“甘泉、东廓”分别指湛若水(1466—1560)与邹守益(1491—1562),两人都是明代著名的理学家,也都曾在南京为官。

湛若水,号甘泉,广东增城人。在他二十余岁时,便拜新会县名儒陈白沙为师,成为白沙学说的传人。湛若水在继承师教的基础上,又提出“随处体认天理”等主张,自成理学一大门派,与王守仁并称“王湛”。他在全国各地创办大量书院,弟子遍布大江南北。湛若水为弘治十八年(1505)进士,嘉靖三年(1524)升南京国子监祭酒,后历任南京吏、礼、兵三部尚书,直至七十五岁致仕,对南京的文教发展影响极深。

邹守益,号东廓,江西安福县人。他于正德六年(1511)参加辛未科会试,同考官正是大思想家王守仁。那一科,邹守益成为会元,廷试第三,授翰林院编修。然而一年之后,他便辞官回乡,致力于理学研究,但总不得门而入。直至正德十三年,王守仁至江西赣州为官,邹守益有机会与其反复辩论良知之学,终于豁然开朗。此后,邹守益成为“江右王学”的重要继承人。嘉靖初,邹守益再获朝廷起用,嘉靖六年升南京礼部郎中。此时湛若水也在南都,二人论学不断,讲会不息,都曾前往新安,传播理学思想。

新安讲学的另一次高潮,在耿定向任南直隶督学御史时,也就是嘉靖四十一年之后。那时耿定向在南京,而另一位泰州学派的大学者罗汝芳则在宁国府任知州。嘉靖四十三年,二人经过商量,在宣城建立起志学书院,邀请梅守德、贡安国、沈宠主三人主持讲席。“远迩相应,比屋弦歌,咸以为邹鲁之乡矣”,梅、贡、沈则被称为“志学三先生”。从此,徽州与南京在学术上的交流也日益频繁。

值得注意的是,在推动城市文化交流的过程中,徽商也扮演了重要角色,尤其是一批早年弃儒从商,成功后亦儒亦商的人物。由于地缘关系,在明代南京的外来客商中,徽商一直是一个庞大的群体。张瀚在《松窗梦语》中指出:“自安、太至宣、徽,其民多仰机利。舍本逐末,唱棹转毂,以游帝王之所都,而握其奇赢,休、歙尤夥,故贾人几遍天下。”休、歙即徽州的休宁和歙县,自明代中叶以来,两地就以出商人而闻名。徽商在南京的经营活动,以典当业和竹木业为主。作为金融行业,典当行在各地城镇中都大量存在。南京作为东南一大都会，典当业的市场基础更大，因此成为徽商眼中最好的经营项目。竹木业则是徽商在南京经营的另一大宗生意。南京优越的交通运输条件使其成为东南地区木材贩运的集散中心。城市西郊的上新河，是木材集散和徽州木商麇集之处。来自赣、川、湘、黔上游的竹木材，都在此编队，再转输到苏、常和淮、扬一带。当时上新河即是有名的大码头。大胜关和龙江关之间，木商辐辏，尤以徽州木商为多。

无论从事哪种行业，成功之后的徽商都乐于与官员、文人交往。而他们之中的很多人原本就是仕宦出身，或者自幼业儒。只是由于科举失利，或者家庭变故，或者继承家业的需要，才走上经商道路。焦竑与徽州士人的接触，就与一位以竹木业起家的儒商毕士范相关。

早在耿定向督学南畿时，徽州、池州、宁国等地的士人便对他推崇备至。新安人潘士藻，就追随耿定向学，与焦竑、祝世禄为同门。后来有一位来自新安的毕士范，又拜同乡潘士藻为师。毕士范出身官宦之家，其父曾为户部尚书，其弟名毕士涣，后任光禄寺署丞，与士范尤为友爱。毕士范年少时即入府学，后因父亲的功劳而获得荫庇，成为国子监生。他的科举之路极为不顺，屡试屡败。但出身富厚之家的毕士范却有着极为独到的投资眼光。别人置买田地，他却廉价购买荒山废林，烧地种木。十数年间，山上的竹木便葱郁成林，毕士范也以竹木生意而成为富甲一方的大商人。

毕士范跟随潘士藻学习心性之学后，对讲学的兴趣日益高涨。而他的弟弟毕士涣，也与耿定向的同乡李凤采一同讲求学问，这就形成了一个十人左右的小团体。但是毕士范并没有满足，他感叹道："学问是无穷尽的，我们局限在这个小小的圈子里，怎么能有发展呢？"于是便决定在家乡陵阳建立会馆，让本地与外来学者能会聚于一处，共相切磋。对于毕士范而言，建立会馆的经费不成问题，但他需要提高自己在士人中的影响与号召力。于是他来到南京，广交朋友。留都士夫公卿，无不知其名，亦皆乐与之过从。万历十七、十八年后，毕士范在徽州、池州、宁国三府组织讲会，声名鹊起。追随者数百人，朋簪四合，履满户外，以至于陵阳会馆都无法全部接待。

然而对于一个士人而言，经商或者讲学都非人生终极目标，也无法满足家族甚至自我期待。在七次乡试失利后，毕士范在父亲的压力下参加了吏部铨选，授五军都督府都事，是个七品小官。后来其母病重，毕士范日夜照料，心力交瘁，万历二十八年(1600)便去世了，年仅五十四岁。他生前曾想扩建陵阳会馆，以招待更多的学者。这个遗愿，就由弟弟毕士涣帮他完成。在毕士涣和友人的努力下，终于筹集资金，建起讲堂三间，明经堂三楹，又有左右厢房。由于明代理学始于王阳明，而王艮、罗汝芳、杨起元则为泰州一派的关键人物，故而会馆中也专门建堂三间，祭祀四位先贤。而毕士范及其他几位学者则附祀于旁。重修后的陵阳会馆开阔闳敞，前临舒溪，溪上又建一亭，以供学者们凭栏休憩。会馆完工后，太平县人邵汝行、苏坚不远数百里来到南京，请焦竑撰写了《陵阳会馆记》一文。

这段渊源，加上焦竑在学界的名望，是促成新安讲学的重要原因。万历三十一年，徽州休宁县令李某与曾任给事中的邵翼庭，让生员刘时中携带书信来到南京拜谒焦竑，请其在当年冬季前往还古书院讲学。当时好友祝世禄极力鼓动焦竑接受邀请，并让门人谢与栋同行，一路照料焦竑的起居。事实上，焦竑年轻时也与邵翼庭有过短暂交往，二人可以算是故交，于是便欣然应允。焦竑在给邵翼庭的回信中说："念昔并游于英俊，颇尝抒思于道，真嗟识见之甚卑，复仰钻之不力。今将穷黄山白岳之胜，且以奉巨公长者之谈，庶几精进于前时，兼以激扬乎后进。倘稍裨于大道，冀仰答乎深知。"(《答邵都谏请会讲齐云岩启》)

据谢与栋记载，焦竑在新安的讲学非常成功。到了讲学之期，"自荐绅先生以至儿童牧竖，四方之人莫不麇集"，总人数超过二千。讲学采取问答的形式，听者发问，焦竑则随机作答，言简意赅。"一时间闻者咸惧震踊跃，以为得未尝有，如旅而归，如寐而觉，如调饥而享太牢，以此知性之相近，而尧舜之皆可为也。"(《古城答问》)曾到南京请焦竑撰写《陵阳会馆记》的太平县人邵汝行，也前往还古书院聆听了焦竑的讲学。焦竑回南京途中，邵汝行又邀请他到太平县家中小住，并将自己的两位兄长与子侄辈介绍给焦竑。自此以后，焦竑与邵氏的关系日益亲近，还为其父撰写了《田南邵翁墓表》。像这样通过讲学活动而建立的亦师亦友之关系，在焦竑的人际网络中占有相当大的比例。

万历三十四年，又有一次讲学盛会在金陵举行。发起讲会的，是曾陪焦竑前往新安的门人谢与栋以及新安人佘永宁，主持讲会的则是焦竑。万历二十五年(1597)，佘永宁就学于杨起元。当时杨起元对他说："我的老师罗汝芳当年曾特意前往金陵，就是对焦竑格外看重，知道他将来必定能弘扬大道。"自此以后，佘永宁便对焦竑大为景仰，视其为泰山北斗。然而当时焦竑还在翰林院供职，佘永宁无缘与之相见。不久后，焦竑辞官回乡，而杨起元则于万历二十七年去世。佘永宁便日夜期盼能与焦竑见面。万历三十一年，焦竑至新安讲学，佘永宁日日侍奉左右，受教匪浅。三年之后，佘永宁、谢与栋等人在金陵罗汝芳祠再开讲会，请焦竑主持。"先生精神焕发，视畴昔更倍。闻者欢喜踊跃，得未曾有，若惟恐其厌之尽也。"这次讲学活动中的答问，后由佘永宁记录整理成《明德堂答问》，印制刊行。

万历三十七年，是焦竑七十大寿，他的门生故友们来到南京给他祝寿。陈懿典在《寿尊师焦先生七十序》中形容焦竑"行年七十，而昕夕披诵，不减少壮。盖先生生平无曲蘖粉黛、奕博珍玩之好，家人产绝不问，而独不忘学。故能养成无欲之体，自少而壮而老，恒如一日。同乾之刚，同乾之健，而自强不息也"。好友邹元标则在《焦弱侯太史七十序》中这样描写焦竑的生活状态："处四国之中，谢客一室，兀然穆然。手一经，看飞鸟，数游鱼，庭草蓊郁，绝鲜世趣，清净宁一，极矣。"可见当时焦竑身体尚十分康健，每日诵读诗书，清心寡欲。然而却没有人能写出他的悲伤与寂寞。两年前，他的第二任妻子赵氏撒手人寰。而他的长子与次子，也早已离世，只有三子陪在身边。他的师友，甚至门生，也渐渐故去，焦竑只能在墓志铭与诗词中寄托对他们的思念。祝寿时的喧笑欢聚、济济一堂毕竟是短暂的。更多时候，焦竑要独自品味人生最后的孤独。这种心境，或许就是焦竑在《雨中花慢·题三教会宗图》想要表达的：

名利交驰，昏夜无休，人间苦海茫茫。问如何、瞿塘扑马，歧路亡羊。谁是长年三老，一竿坐断危滩。有濠梁道士，东鲁逢衣，天竺缁郎。

玄言如屑，妙思翻空，稀微烟渺云翔。那更知、迷之霄壤，悟只寻常。金地不离方寸，白云何必仙乡。梦醒东家，尽虚空界，总是还丹。

万历四十五年(1617),钟惺在南京拜见了焦竑。据其记载,“先生七十有八矣,其颜面间常有岳渎之气,真异人也。沐浴经年,为益不少,先生亦深加知爱。然予未忍乞其片纸。《礼》云:‘老者不以筋骨为礼。’夫笔墨关乎精神,又何止筋骨而已哉。今之求见人而乞其诗文及书者,非必能知而赏之也,不过曰‘吾已见其人,吾已藏其人诗文及书’而已。是以齿德人形神,供我名根也”(《题焦太史书卷》)。可见当时仍有不少人要求见焦竑,请其题写诗文,而焦竑在年近八十时,依然精气未衰。两年之后,焦竑在南京度过了八十岁生日。这次受命撰写寿序的,是顾起元。他在《太史澹园先生八十序》中写到:

> 今年先生开八帙,姻友莘野陈君谋所以祝先生者,诹于起元。起元实黯浅,不足以窥先生,而幸从词林后,则姑臆旧事,以为质。昔朱恭靖与前所称谢文正、申文定①,皆登八十以上,计鼎元之高寿,无逾胜者。今又得之先生矣。然先生之神明茂而饮啖壮,符采词气,不减盛年,其寿当未有艾。

生日当晚,焦竑在众亲友的祝福声中,与大家饮酒为欢。第二天一早,便平静地离开了人世。

焦竑身后获得的评价极高,如自称“通家小友”的黄汝亨在祭文中叹曰:“夫世之惮且妒者,阻先生作宰相耳,此天未欲平治天下也,于先生何损?古之圣贤人,何必伊传,始与天壤无敝哉?”(《祭焦弱侯先生文》)他的成就与声望,在晚明南京士林中的确出类拔萃,无人能出其右。

焦竑去世后的第二年,万历皇帝驾崩。即位者即焦竑曾经教过的皇长子朱常洛,改年号泰昌。朱常洛想起自己的老师,下诏重新录用焦竑,但焦竑已于前一年去世,于是特议予赠恤荫子一人。这样,焦竑的三子焦润生得到了南京詹事府主事一职,后升太常寺典簿。然而焦家终究门祚不兴,焦润生于清顺治四年(1647)抗清就义后,焦氏后人也逐渐湮没无闻了。

---

① “谢文正”即谢迁(1449—1531),成化十一年(1475)状元。“申文定”即申时行(1535—1614),嘉靖四十一年(1562)状元。

第五章　学术成就

中国古代士人，一直视立德、立功、立言为“三不朽”之事业。“立德”是指培养完美的品行。然而人无完人，对个人德行的自我完善是永无止境的。“立功”是指建立伟大的功绩，这不仅需要个人的才华与勤奋，也需要恰当的机遇。在这方面，焦竑显然没有受到命运的眷顾。相比之下，“三不朽”中的“立言”，是受客观因素影响最少，最易自我把控的。前文已经说过，焦竑在辞官回乡之后，就感叹“老去服车空有志”。对他而言，已经再也没有“立功”的机会了。于是他将全部精力都放在了“立言”上。

焦竑一生著作之丰富，在明代文人中是少见的。许吴儒在为万历三十四年（1606）刊印的《焦氏澹园集》撰写题识时即说：“澹园先生所著多不自惜……先是有《焦氏类林》八卷、《老庄翼》十一卷、《阴符解》一卷、《焦氏笔乘》六卷、《续笔乘》八卷、《养正图解》二卷、《经籍志》六卷、《京学志》八卷、《逊国忠节录》四卷，业行于时。《东宫讲义》六卷、《献征录》一百二十卷、《词林历官表》三卷、《词林佳话》六卷、《明世说》八卷、《笔乘别集》六卷尚藏于家。”

焦竑的著作在其生前就广为流传，影响极大。到了清代，以考据训诂为核心的汉学日渐兴起，讲求心、性的理学随之式微。与此同时，晚明学术思想的多元与活跃，也被视为一种社会失序的表现而遭到清代学者的批评。在这样的政治与学术氛围中，时人对焦竑著作的评价也有所转变，这在《四库全书》编纂过程中体现得尤为明显。

乾隆三十七年（1772），在皇帝的主持下，编纂《四库全书》的庞大工程正式启动。这不仅是一项文化工程，也是一项政治工程。通过此次编修，朝廷得以对全国图书进行一次大清理，将所有文献分为应抄、应刻、应存、应毁几类。其中应抄之书是合格的著作，可以抄入《四库全书》。应刻之书，则不仅要抄录，还当另行刊刻，使之广为流传。应存之书，则是不合格的著作，不能抄入《四库全书》，而仅在目录中保存书名，即列入存目。至于应毁之书，则当全部或部分销毁。

对于焦竑的著作，四库馆臣的评价并不高。最终只有《易筌》《俗书刊误》等书被抄入《四库全书》，其他则列于存目。还有部分著作因有“违碍”“诬妄语”而遭到抽毁或全毁。虽然这些著作在此后又被重新刊刻，但一些被毁的部分却永远缺失了。

无论如何，要全面认识焦竑，就必须对其学术成就有所了解。但由于焦竑著作种类多、体量大，无法一一展开。下文将按照古代图书四部分类法——经、史、子、集——简要介绍几部具有代表性的作品。

一、史部——《国史经籍志》《国朝献征录》

史部，是古代图书四部分类法中的第二大类，专列各种体裁的历史著作，也称“乙部”。属于史部的体裁，包括正史类、编年类、纪事本末类、别史类、杂史类、政书类、职官类、目录类、史评类、汇编类，等等。

前文提到，万历二十二年(1594)，户部尚书、大学士陈于陛(1543—1596)请修国史。万历皇帝批准设立史局，以内阁首辅、大学士王锡爵(1534—1611)为总裁，沈一贯、陈于陛等人为副总裁。当时王锡爵与陈于陛都非常赏识焦竑的才学，希望由他专领修史之事。焦竑虽然谦逊推辞，但仍尽心参与史局事务。在此期间，他撰写了《论史》与《修史条陈四议》，提出他对国史编修原则与史局组织方式的看法。

当时焦竑负责撰写经籍志的部分。与此同时，他还广泛搜集人物传记、行状、墓志铭等材料，为此后的编撰做准备。然而随着陈于陛去世、王锡爵离职，修史工程日渐疲怠。万历二十五年宫城失火，殃及史馆，搜集的材料与书稿都被毁。然而焦竑手中还保留了部分资料，成为他日后编纂《国史经籍志》与《国朝献征录》的基础。

（一）《国史经籍志》

《国史经籍志》现存明代版本有万历曼山馆[①]刻本（图八）、万历三十年（1602）陈汝元函三馆刻本，清代则有曹琰抄本与咸丰三年（1853）粤雅堂刊本。所谓“经籍志”，就是一份图书文献目录。历代官修正史中都有这一内容，有时又名“艺文志”。既然是编目，首先要确定图书分类方式。《国史经籍志》共分六卷，卷一为“制书类”，列本朝御制、敕修书及纪注时政类书；卷二至卷五分别为“经类”“史类”“子类”“集类”，即传统的四部分类法；卷六为“纠缪”，指出历代正史经籍志、艺文志或重要书目中的分类错误。

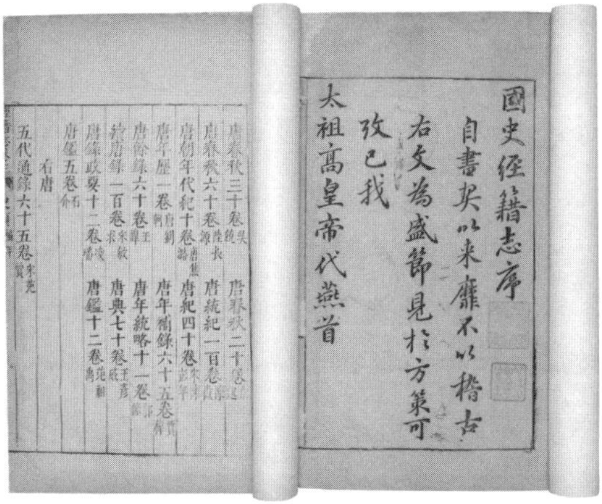

图八　明万历间曼山馆刊本《国史经籍志》

大类之下，又有子类。如“制书类”下包括御制、中宫御制、敕修、纪注时政。

“经类”下包括易、书、诗、春秋、礼、乐、孝经、论语、孟子、经总解、小学。

“史类”下包括正史、编年、霸史、杂史、起居注、故事、职官、时令、食货、仪注、法令、传记、地理、谱牒、簿录。

“子类”下包括儒家、道家、释家、墨家、名家、法家、纵横家、杂家、农家、小说家、兵家、天文家（附历数）、五行家、医家、艺术家、类家。

“集类”下包括制诏、表奏、赋颂、别集、总集、诗文评。

---

① 曼山馆是万历时期杭州人徐象枟的室名。除《国史经籍志》之外，曼山馆还刻印过焦竑的《国朝献征录》与《玉堂丛语》。

"纠缪"下包括《汉书艺文志》、《隋书经籍志》、《唐书艺文志》、唐《四库书目》、《宋书艺文志》、《崇文总目》、郑樵《艺文略》、晁氏《读书志》、马端临《经籍考》、晁公武《读书志》。

每一子类下，则按照成书时间顺序，罗列书名、卷数，并注作者、著书主旨、存佚等信息，体例不一。书中另有小序，除"制书类"一部结尾有一序外，"经""史""子""集"四类中的子类(除"诗文评"类)也各有序文，叙述其立类缘由及学术流变。

清四库馆臣对《国史经籍志》评价不高，该书仅入目录类存目。《四库全书总目提要》中介绍：

是书首列《制书类》，凡御制及中宫著作，记注、时政、敕修诸书皆附焉。余分经、史、子、集四部，末附《纠缪》一卷，则驳正《汉书》、《隋书》、《唐书》、《宋书》诸《艺文志》及《四库书目》、《崇文总目》、郑樵《艺文略》、马端临《经籍考》、晁公武《读书志》诸家分门之误。盖万历间陈于陛议修国史，引竑专领其事。书未成而罢，仅成此志，故仍以"国史"为名。顾其书丛抄旧目，无所考核。不论存亡，率尔滥载。古来目录，惟是书最不足凭。世以竑负博物之名，莫之敢诘，往往贻误后生。其谲词炫世，又甚于杨慎之《丹铅录》矣。

(二)《国朝献征录》

《国朝献征录》为明代人物传记资料汇编(图九)。该书体量庞大，有

图九　日本浅草文库藏《国朝献征录》

一百二十卷之多。现存版本为明万历四十四年(1616)曼山馆刻本,书前有顾起元、黄汝亨序。顾起元序对该书的成书与刊印过程介绍如下:

> 取累朝训录、方国纪志与家乘野史,门分类别,采而缉之,自禁中之副、名山之藏、通都大邑之传,毕登于简,一代史材,犁然大备……而为时所忌,归卧东山,广内之储匮而在笥,岂不惜哉。然先生意不忍忘,时为雠校,绪成其业,多至百二十卷。盖其目广于《列卿》者什五,其人多于《琬琰》者什七。至折衷是非,综校名实,阙疑而传其信,斥似而采其真,所谓其义则某窃取之。先生于此实有独鉴,异乎徒事网罗,靡所澄汰,爱奇好异,或滥情实者矣。学士大夫向往此书,借观至于简渝,传写为之纸贵。乃从友人茅生之请,取畀之梓。然每类间为梓者,有所裁避。先生意虽任之,而成书具存,异日发其大全,固可竢矣。

序文中写到,《国朝献征录》条目"广于《列卿》者什五",人物数量"多于《琬琰》者什七",这里所说的《列卿》和《琬琰》,分别是雷礼(1505—1581)编撰的一百六十五卷本《国朝列卿纪》与徐纮所撰的《明名臣琬琰录》《明名臣琬琰录后集》四十四卷。雷礼为嘉靖十一年(1532)进士,官至工部尚书。徐纮为弘治三年(1490)进士,官至广东按察司佥事。他们生活的年代都早于焦竑,因此书中录入人物自然较少。更为关键的是,《国朝列卿纪》与《明名臣琬琰录》只收录明代官员信息,且以文官为主。而焦竑的《国朝献征录》则不仅仅是一部文官志。书中卷一至卷十分别为"宗室"二卷、"戚畹"一卷、"驸马都尉"一卷、"公"二卷、"侯"二卷、"伯"二卷,这是雷礼《国朝列卿纪》所没有的。另外,该书在文官后还加入了武官部分,包括都督府、锦衣卫、都司、各卫所的人物,这大概和焦竑出身武职家庭有关。而最后九卷,则分别为孝子、义人、儒林、艺苑、隐佚、寺人、释道、胜国群雄、四夷。这也反映出焦竑在《修史条陈四议》中所强调的,要搜集事迹未见流传的忠直之士,以及身处穷乡僻壤的孝子贞女之事迹,以"贵贱并列"为宗旨的修史方式。

清代修纂《四库全书》时,因《国朝献征录》中有违碍、诬妄语,将其定在"应请抽毁"之列。《四库全书总目提要》中对《国朝献征录》评价曰:"是书采明一代名人事迹……自洪武迄于嘉靖，搜采极博。然文颇泛滥，不皆可据。又于引据之书或注或不注，亦不免疏略。”然而该书搜集的大量明人行状、传记、墓志铭，为后人研究明史提供了宝贵的原始文献，其史料价值极高。清代以降，治史者对明代人物的评价往往受到主、客观因素的影响，在史料运用时也多有删改、隐匿。尽管《国朝献征录》在校对出版时也进行了“裁避”，但该书毕竟保存了一种明代版本，可与相关文献的其他版本进行对读，以进行补充、考辨等工作。

二、子部——《老子翼》《庄子翼》《焦氏笔乘》《焦氏类林》《玉堂丛语》

子部，是古代图书四部分类法中的第三大类，收诸子百家及佛教、道教、类书、艺术、谱录、小说、医药等书，内容相当庞杂。焦竑编撰的《老子翼》《庄子翼》，属于子部中的道家类，《焦氏笔乘》《焦氏类林》《玉堂丛语》，则属于小说类。

（一）《老子翼》

焦竑撰《老子翼》，是对老子《道德经》的评注与考异。《道德经》又称《道德真经》《老子》《老子五千文》《五千言》，是道家哲学思想的重要来源。历代都有学者对《道德经》进行评注，也就是试图解释这部道家哲学经典。《老子翼》的一个重要部分，就是对过往注解的选录，也就是“集注”；另一部分，则是《附录》与《考异》，即焦竑的笔乘与文本考据。关于该书的写作缘起，焦竑在《老子翼序》中追忆道：

余幼好刚使气，读《老子》，如以耳食无异。年二十有三，闻师友之训，稍志于学，而苦其难入。有谈者以所谓昭昭灵灵引之，欣然如有当也。反之于心，如马之有衔勒，而户之有枢也。参之近儒，而又有合也。自以为道在此矣。顾数年以来，触涂成窒，有窒必有疑；考古多乖，有乖必有反，盖未尝暂去于怀也。顷岁，困衡既久，浸以成痾，偃息之余，俄有独寤。乃喟然叹曰：乡也，未尝不非意识，而或思离识以求寂，未尝不贵无心，而不知本心之自无，知慕清净，而不知无垢之非净，知有真我，而不知无物之非我，皆谈者有以误之也。自此驰求意见，了无朕兆，而余亦几为无事人矣。时友人翟德孚好言老子，间举以讯余，余以近见疏之，德孚未尝不击节也，属余章为之解。

焦竑说他年轻的时候，并不相信《道德经》里所说的。从二十三岁开始，也就是耿定向以南直隶督学御史的身份来到南京，并逐渐将焦竑引入心学大门之后，焦竑也开始了探索义理之路。然而在很长时间内，他总是不得门而入。后来有人"以所谓昭昭灵灵引之"，才让他有所感悟。所谓"昭昭灵灵"，是一种禅学表达，就是无觉无视、心境一片清明的状态。而这种顺应自然，达到自我无知无欲的本真状态，正是道家思想所强调的。后来，焦竑长期失意于科场，内心焦灼成疾，是《道德经》帮助他找到心理平衡。这是促成他研究《道德经》并最终完成《老子翼》的重要原因。

在这篇自序中，焦竑也明确批评了几种影响广泛的《道德经》解读，认为他们并没能真正理解老子思想。其中之一以唐代王真为代表，认为《道德经》乃"为谈兵而作"。二是将"无为"等同于"道"。三是魏晋、隋唐时期将《老子》神仙化，以丹鼎符录等宗教仪式附会道教，使得后者真正的学问不能彰显。焦竑在《附录》中辑录有关老子生平、历代治"老"者轶事、《老子》版本源流及相关评论的时候，亦采取了相似的态度，以"避虚务实"。比如关于老子的生平，焦竑以《史记》记载为主，而摒弃了道教神话中关于老子的说法。又如他引用唐宪宗与辅臣的对话，批判世人诵《老子》以求仙，等等。

《老子翼》初刻于万历十六年（1588），也就是焦竑成为状元的前一年。（图十）对于这部《道德经》集解，清代四库馆臣评价较高，并将其收入《四库全书》。《四库全书总目提要》云：

是编辑韩非以下解《老子》者六十四家，而附以竑之笔乘，共成六十五家，各采其精语，裒为一书。其首尾完具，自成章段者，仿李鼎祚《周易集解》之例，各标举姓名，列本章之后；其音义训诂，但取一字一句者，则仿裴骃《史记集解》之例，联贯其文，缀本章末句之下……不立道经、德经之名，亦不妄署篇名，体例特为近古……所采诸说，大抵取诸《道藏》，多非世所常行之本。竑之去取，亦特精审。

尽管焦竑在书中列出注《老子》者六十四家，但正文中选录的仅有三十余家。其中引用次数较多的包括宋苏辙《道德真经注》、宋吕慧卿《道德真经传》、宋李嘉谋《道德真经义解》、元吴澄《道德真经注》以及明李贽《老子解》。这反映出焦竑重视宋代注家援佛注老、强调“学本复性”的思路。

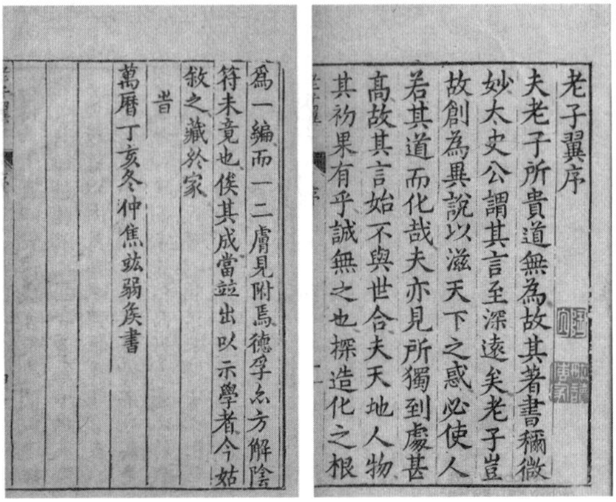
老子翼序
夫老子所貴道無為故其著書稱微
妙太史公謂其言至深遠矣老子豈
故創為異說以滋天下之惑必使人
若其道而化哉夫亦見所獨到處甚
高故其言始不與世合夫天地人物
其初果有乎誠無之也探造化之根

為一編而一二膚見附焉德孚右方解陰
符未竟也俟其成當竝出以示學者今姑
斂之藏於家
旹
萬曆丁亥冬仲焦竑弱侯書

图十　明万历十六年(1588)王元贞刻本《老子翼》

(二)《庄子翼》

《庄子翼》的体例与《老子翼》相同。(图十一)首先是“集注”部分，分为五卷：《采摭书目》、《读庄子》七则、《内篇》七篇、《外篇》十五篇、《杂篇》十

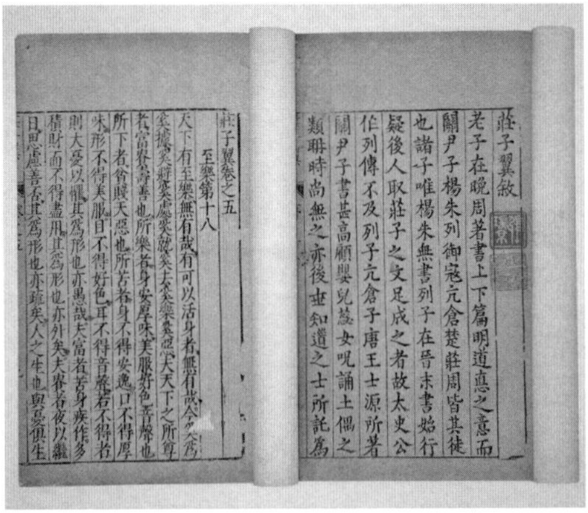
莊子翼敘
老子在晚周著書上下篇明道德之意而
關尹子楊朱列御寇亢倉楚莊周皆其徒
也諸子唯楊朱無書列子在晉末書始行
疑後人取莊子之文足成之者故太史公
作列傳不及列子亢倉子唐王士源所著
關尹子書甚高顧嬰兒蕊女呪誦土偶之
類聃時尚無之亦後世知道之士所託為

莊子翼卷之五
至樂第十八
天下有至樂無有哉有可以活身者無有哉今奚為
奚據奚避奚處奚就奚去奚樂奚惡夫天下之所尊
者富貴壽善也所樂者身安厚味美服好色音聲也
所下者貧賤夭惡也所苦者身不得安逸口不得厚
味形不得美服目不得好色耳不得音聲若不得者
則大憂以懼其為形也亦愚哉夫富者苦身疾作多
積財而不得盡用其為形也亦外矣夫貴者夜以繼
日思慮善否其為形也亦疏矣人之生也與憂俱生

图十一　明万历刊本《庄子翼》

一篇。另有《庄子阙误》一卷、《附录》一卷，即考证与笔乘。焦竑自序云："余既辑《老子翼》若干卷，复取庄子义疏读之，采其合者为此编，亦名之曰《庄子翼》。"他在序文中论述了儒道会通的道理，对儒家本位主义者提出批评：

老之有庄，犹孔之有孟也。老子与孔子同时，庄子与孟子同时。孔、孟未尝攻老、庄也，世之学者顾诸诸然沸不少置，岂以孔孟之言详于有，而老庄详于无，疑其有不同者與？……彼老庄者，生其时，见夫为孔孟之学者局于有，而达焉者之寡也，以为必通乎无，而后可以用孔孟之有，于焉取其略者而详之，以庶几乎助孔孟之所不及……不然，"形而上者谓之道，形而下者谓之器"，固孔孟之言也，今第易道、器为有、无，转上、下为妙、徼，其词异耳。以其词之异，而不知其意之同，是攻者之自病也，曾足以病老、庄乎？

概言之，焦竑认为老庄思想的意义，在于"助孔孟之所不及"。儒家与道家，所强调的都是"道"。只不过儒家说的"仁义礼乐"，是形而下的"道"，道家所谈论的天道运行，是形而上的"道"。二者相辅相成，殊途同归。

该书在清代亦被收入《四库全书》。《四库全书总目提要》介绍："是编成于万历戊子，体例与《老子翼》同。前列所载书目，自郭象注以下凡二十二家。旁引他说，互相发明者，自支遁以下凡十六家。又章句音义，自郭象以下凡十一家。今核其所引，惟郭象、吕惠卿、褚伯秀、罗勉学、陆西星五家之说为多，其余特间出数条，略备家教而已。"除选录众注家语外，焦竑的直接注释有四十二则，多集中于《内篇》七篇，即庄子思想的核心。

（三）《焦氏笔乘》

《焦氏笔乘》始于焦竑早年读书时随手所作札记，前文已有述及。（图十二）当年焦竑家贫，读书多借自朋友。由于书籍还回之后，就不能随时翻阅查看，所以焦竑养成了作读书札记的习惯。这些笔记被他的朋友看到后，觉得很有价值，于是在万历八年（1580）付梓刊印。这当为此书的初刻本。然而这一版本已佚，未能流传。此后，焦竑仍坚持作读书札记，条目逐渐增多。可惜在焦竑被贬至福宁州时，这些手稿又散佚十之五六。

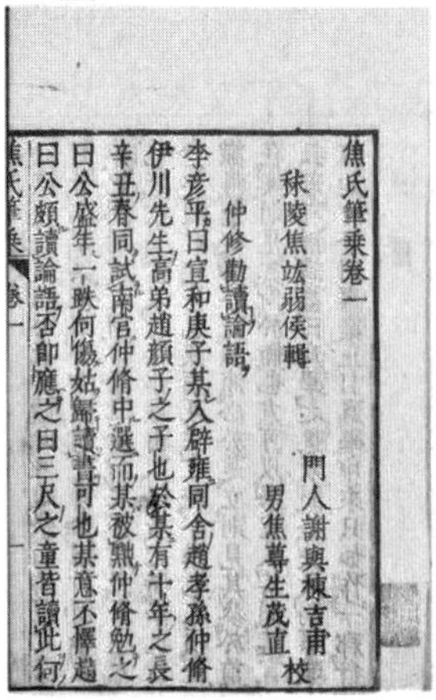
焦氏筆乘卷一
秣陵焦竑弱侯輯
門人謝與棟吉甫
男焦尊生茂直　校
仲修勸讀論語
李彥平曰宣和庚子某入辟雍同舍趙孝孫仲脩
伊川先生高弟趙顏子之子也於某有十年之長
辛丑春同試南宮仲脩中選而某被黜仲脩勉之
曰公盛年一跌何傷姑歸讀書可也其意不擇趋
曰公頗讀論語否即應之曰三尺之童皆讀此何
焦氏筆乘　卷一

图十二　日本庆安二年(1649)刊本《焦氏笔乘》

万历三十四年(1606),曾陪焦竑前往新安讲学的谢与栋,又亲自将焦竑多年积累的读书札记重新编纂,再次刊印出版。谢与栋原为祝世禄的门人,万历三十一年的新安讲学之后,也与焦竑建立了师生关系。刊刻老师的这部札记,也是为了让更多士子们得到教益。

《焦氏笔乘》包括正集六卷、续集八卷。据同年刊刻的《焦氏澹园集》中许吴儒题记,除了这十四卷内容外,还有《笔乘别集》六卷尚未付梓。在《千顷堂书目》中,也著录了《焦氏笔乘》六卷、《续笔乘》八卷,以及《笔乘别集》六卷。此外,《明史·艺文志》中著录《焦氏笔乘》二十卷,当是包含了正集六卷、续集八卷与别集六卷。因此,六卷本的《笔乘别集》或许确实在正集、续集之后出版了,可惜未能传世。①

此书属于笔记小说类,涉及典章名物、文史经籍以及释道、医方之内容,亦多记掌故见闻,全面反映出焦竑读书与治学的博洽贯通。如《焦氏笔乘》正集卷一"人参赞"条记:"高丽人作《人参赞》曰:三椏五叶,背阳向阴。故韩翃诗云'应是人参五叶齐'。典术曰:尧时天降精于庭为韭,感百阴之气为菖蒲。《吕氏春秋》:菖蒲亦名尧韭。唐诗'涧有尧时韭,山余禹日粮'用此事。"正集卷二中"荔枝"条记:"世读杜牧诗'一骑红尘妃子笑,无人知是荔枝来',谓以果实劳递送,独明皇耳,不知汉已有之。武帝元鼎六

① 李剑雄指出,《老子翼》与《庄子翼》中冠以"笔乘曰"的文字近百条,都不见于《焦氏笔乘》正、续集。这些内容可能就来自于《笔乘别集》。参见李剑雄:《焦竑评传》,南京大学出版社,1998年版,第321页。

年，破南越，起扶荔宫，植所得奇草异木，荔枝自交趾移植百株，无一生者，连年犹移植不息。后数岁，一株稍茂，终无华实，帝亦珍惜之。一日萎死，守吏坐诛者数人。因不复莳，其实则岁贡焉。邮传者疲斃于道，极为民患。至后汉安帝时，交趾郡守极陈其敝，乃罢贡。”这些内容皆令人感到新鲜有趣。

该书所载时事见闻，尤其是师友言论、事迹，则为研究晚明政治与思想文化之重要材料。如正集卷二“宏甫书高尚册后”条，记载了李贽于万历九年(1581)辞去云南姚安知府一职，当地士绅纷纷为其赠言留别一事。后巡按御史刘某将这些赠言汇集成《高尚册》，李贽“寓言于天台杨子，作文一首，书其后”。“天台杨子”即杨定见，是李贽的门生和忠实追随者。李贽借杨定见之口，自叙生平、剖析内心。而焦竑将全文录入《笔乘》，不仅体现了他与李贽的关系，也保留了一份研究李贽的珍贵史料。

《焦氏笔乘》中的另一重要内容是考辨。如正集卷一“《尚书》古文”条，载梅鷟证伪《古文尚书》之事。正集卷二“外篇杂篇多假托”条，则指出《庄子》一书中，“《内篇》断非庄生不能作，《外篇》《杂篇》则后人窜入者多”。卷六“伪书”条指出，伪书“或摹古书而伪作，或以己意而妄增，至使好事之流，曲为辩释，以炫其博，是皆未之深考耳”。此外，《焦氏笔乘》续集卷二“支谈下”中考证，“《文始经》决非关尹子作”；续集卷三“新丰”条中亦指出，《西京杂记》是后人伪书。

由于《焦氏笔乘》原为读书札记，因此很多内容引自别书，并非焦竑原创。而他对经、子之解读，也有所谓“违碍”“诬妄语”。这导致清人对此书的评价不高。如《四库全书总目提要》中写道：“竑于万历中，以博洽称，而剽窃成书，至于如是，亦足以见明之无人。其讲学解经，尤喜杂引异说，参合附会……盖竑生平喜与李贽游，故耳濡目染，流弊至于如此也。”晚清藏书家周中孚亦认为，“其书订经子之伪，补史传之阙，网罗时事，缀辑艺文，不无可取。而肤浅杜撰、疑误观听者，往往有之。且其精核者，皆剽窃前人说部，而没所自来，亦不足以资考证。至其冥契教乘，喜谈名理，乃万历间狂禅之习，几有乖名教也”[1]。

① 周中孚：《郑堂读书记》，黄曙辉、印晓峰标校，上海书店出版社，2009年版，第944页。

（四）《焦氏类林》

《焦氏类林》的写作缘始与《焦氏笔乘》相似，也是焦竑的读书札记。（图十三）焦竑本人在《题类林后》中回忆，他于万历八年（1580）读葛洪著作有感，故而做了笔记。万历十五年时，他的朋友李登看到手稿，“谓其可以资文字之引用，备遗忘之万一也，乃手自整理，取《世说》篇目括之，其不尽者，括以他目”。

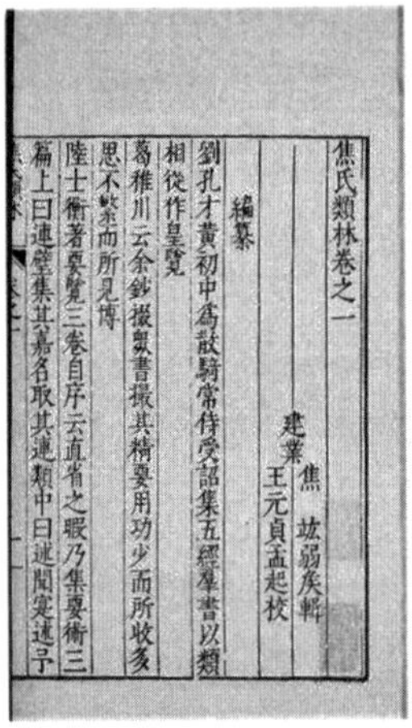
焦氏類林卷之一
建業 焦竑弱侯輯
王元貞孟起校
編纂
劉孔才黃初中爲散騎常侍受詔集五經羣書以類
相從作皇覽
葛稚川云余鈔撮衆書撮其精要用功少而所收多
思不煩而所見博
陸士衡著要覽三卷自序云直省之暇乃集要術三
篇上曰連璧集其嘉名取其連類中曰述聞寔述子

图十三　明万历间（1573—1620）秣陵王元贞刊本《焦氏类林》

该书在明清各类典籍中著录情况大致相同。除《世善堂藏书目录》著录《焦氏类林》十卷以外，《澹生堂藏书目》《千顷堂书目》《明史·艺文志》《传是楼书目》《四库全书总目》皆著录为八卷。

李登在编辑该书时，“取《世说》篇目括之”，也就是仿照了《世说新语》的编辑模式。《世说新语》又名《世说》，是南朝宋临川王刘义庆组织文人编写的小说集，主要记载东汉后期到晋宋间一些名士的言行与轶事。因为汉代刘向曾著《世说》一书，后人为将此书与刘向所著相区别，故又名《世说新语》。该书依内容分为“德行”“言语”“政事”“文学”“方正”，直至“汰侈”“忿狷”“谗险”“尤悔”等，共三十六类。每类下有若干条，字数长短不一，全书共有一千二百多则。

《焦氏类林》共分八卷，五十九类。如卷一包括“编纂”“君臣”“父子”“兄弟”“夫妇”“师友”六类。除“编纂”外，其余五类正是儒家强调的“五伦”。卷二至卷六的分类，与《世说新语》较为相似。但卷七却带有类书性质，包含了“象纬”“形胜”“节序”“宫室”“冠服”“食品”“酒茗”，乃至“草木”“鸟兽”等内容。卷八则以“仙宗”“释部”为结尾，体现了焦竑“三教合一”的宗教观念。

作为读书札记，《焦氏类林》也体现了焦竑“博洽贯通”的治学特点，对今人而言也有重要的文献价值。据胡翠娈研究，《焦氏类林》有注明出处的材料多达716种，其中出于稗史、传奇的材料相当可观。[①] 不过《四库全书总目提要》认为《焦氏类林》中五十九类“皆非奇秘之文”。周中孚虽认可该书“约而该，无庸考索，而子史艺文可一披阅间得之”，但亦认为其资料来源“皆习见之书耳”。[②]

（五）《玉堂丛语》

《玉堂丛语》为焦竑最后一部著作，刊行于万历四十六年(1618)，也就是他去世前一年。该书共八卷，现存主要版本为万历四十六年曼山馆刻本(图十四)。

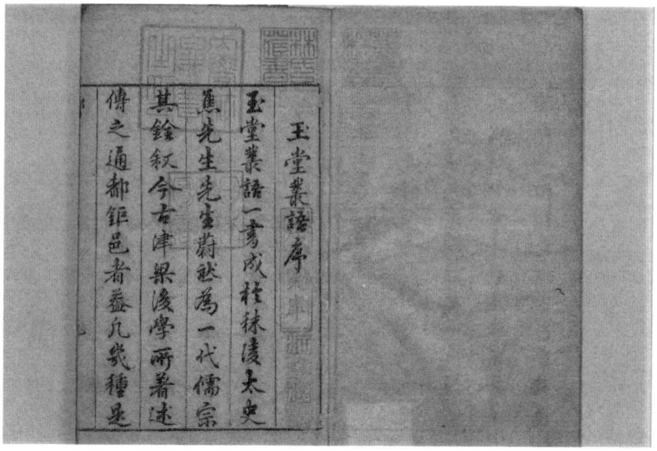
玉堂叢語序
玉堂叢語一書成於秣陵太史
焦先生先生蔚然爲一代儒宗
其餘叙今古津梁後學所著述
傳之通都鉅邑者蓋凡幾種是

图十四　明万历四十六年曼山馆刻本《玉堂丛语》

“玉堂”为翰林院代称，故该书专记明代翰林人物事迹。书前有焦竑《书玉堂丛语》，叙述了写作过程：

---

① 胡翠娈：《焦竑〈焦氏类林〉研究》，浙江师范大学硕士学位论文，2011年。

② 周中孚：《郑堂读书记》，上海书店出版社2009年版，第963页。

> 余自束发，好览观国朝名公卿事迹，追滥竽词林，尤欲综核其行事，以待异日之参考。此为史职，非第为欧阳公所云，夸与田夫野老而已者。顾衙门前辈体势辽阔，虽隔一资即不肯降颜以相梯接，苦无以咨问，每就简册中求之。凡人品之淑慝，注厝之得失，朝廷之论建，隐居之讲求，辄以片纸志之，储之巾箱。顷年垂八十，聪明不及于前，时道德日负，其初心不啻韩子所言者，业一切置之不理矣。相知者惜其尝为心思所及而广之，余不能止也。

可见《玉堂丛语》所载为“国朝名公卿事迹”，与《焦氏类林》辑录古代人物轶事不同。与此同时，焦竑编辑此书的目的是“存史”，而非增广异闻或谈资。

该书前有顾起元序与郭一鹗序。顾起元在序文中称《玉堂丛语》一书“义例精而权量审，闻见博而取舍严。词林一代得失之林，煌煌乎可考镜矣”。郭一鹗也在序文中盛赞，该书“所取截抽扬，宛然成馆阁诸君子一小史然。……都内好事者，往往祈得而梓行之，俾千古后学，不致慨我明馆阁无成书，因而补苴国史之弗备也。先生之功，于是为大”。

《玉堂丛语》所依据的资料，包括人物行状、传记、碑铭、年谱、笔记、文集，也有作者的耳闻目睹。谢国桢指出，征引文献中“多有未见之书，明代稗乘史赖以流传”[①]。

该书依然仿照了《世说新语》的分类方法，八卷中共包括五十四类。如首卷中包括“行谊”“文学”“言语”“政事”四类，与《世说新语》极为相似。尽管这是一部明代翰林官员的小史，但其内容广泛涉及明代的典章制度、天文历法、官场百态、社会生活及中外关系，极具史料价值。如卷二“筹策”条，记刘大夏整理大同军饷事，徐阶力主买畿内麦以供边用，不仅反映了明代边政情况，还提供了当时米麦物价资料。同卷“铨选”条，则记录了明代官场弊端之一种——“顶首银”。卷四“纂修”条中引郑晓《今言》，记洪武十五年火原洁编类《华夷译语》，是有关中西交通的珍贵史料。焦竑在进行文献抄录时，对于资料的真实性也有所考辨。如卷八“纰漏”条记陈音轶事，焦竑于条目后注曰：“此节与北齐刘仪同相类，初疑讹

① 谢国桢：《明代笔记丛谈》，上海书店，2004年版，第20页。

传，及闻苏林屋云，尝见吴匏翁述之为笑谈，乃信真师召事也。”

三、集部——《焦氏澹园集》《焦氏澹园续集》

集部，是古代图书四部分类法的第四类，收录历代作家的散文、骈文、诗词、曲和文学评论等著作。清代《四库全书》分为楚辞、别集、总集、诗文评、词曲五类。其中“别集”是指个人的诗文集。明清之际，随着出版业的不断发展，私人刻书的数量急剧膨胀。加之文人对“三不朽”中“立言”的追求，几至于人人有集。这些文人别集除具有文学价值外，也为研究作者生平、交往、创作、思想等提供了基本材料。

焦竑的两部诗文集，为《焦氏澹园集》与《焦氏澹园续集》。明清文献中对这两部书的著录颇多，但在书名、卷数上略有差异。

如焦竑的门生周晖在《续金陵琐事》中，载有《澹园先生全集》与《澹园先生续集》。《世善堂藏书目录》载《澹园正集》与《澹园续集》。现存明刻本作《焦氏澹园集》与《焦氏澹园续集》。此外，黄虞稷《千顷堂书目》中著录有《欣赏斋集》《欣赏斋续集》，而《浙江采进遗书总目简目》亦著录有《欣赏斋集》。“欣赏斋”为焦竑书斋名，现存明刻本《焦氏澹园集》的版心上方也有“欣赏斋”字样。所以《澹园集》与《欣赏斋集》应为同一书。朱彝尊在《静志居诗话》中称，焦竑著有《漪园集》。漪园也是焦竑的号，但是《漪园集》不见于其他著录，因此当为误称。

在卷数方面，现存明刻本为正集四十九卷，续集二十七卷，与《世善堂藏书目录》《澹生堂藏书目》所载一致。但《千顷堂书目》著录《欣赏斋集》四十九卷，《欣赏斋续集》三十五卷。另《明史·艺文志》亦著录《澹园集》四十九卷，《澹园续集》三十五卷，与现存版本不同。此外，过庭训《本朝分省人物考》与徐开任《明名臣言行录》中，还载录有《澹园别集》，但未见传本。

《焦氏澹园集》现存主要版本，为明万历三十四年(1606)黄云蛟刻本(图十五)。集前有耿定力撰《焦太史澹园集序》，吴梦旸撰《焦太史弱侯先生集序》，陈懿典撰《尊师澹园焦先生集序》，臧尔劝撰、方时俊书《焦澹园先生集序》，以及许吴儒题识。《焦氏澹园集》的内容，主要分为以下四大部分：

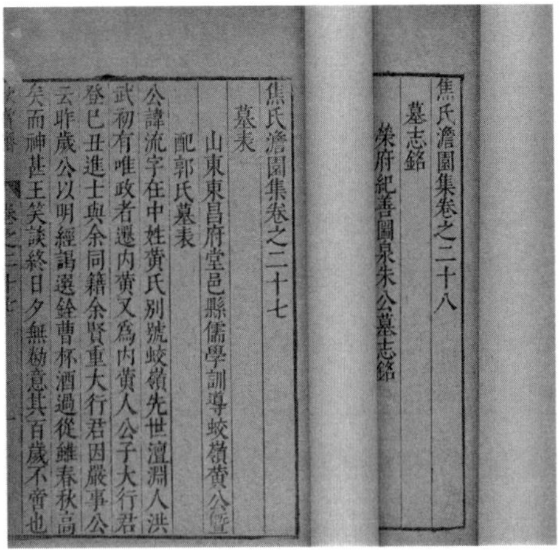

图十五　明万历三十四年(1606)黄云蛟刻本《焦氏澹园集》

卷一到卷七大致是与他入翰林院之后的从政经历相关的内容。包括卷一敕、诰命，卷二策，卷三疏，卷四论，卷五议，卷六考、解、说，卷七策问。

卷八到卷三十五，主要是焦竑为人、为事而写的各类文章，以及私人书信等内容。具体包括卷八铭、赞，卷九表，卷十启，卷十一上梁文、帐词，卷十二、十三书，卷十四至卷十八为序，卷十九碑，卷二十至卷二十一记，卷二十二书后、题跋，卷二十三经籍志论，卷二十四至卷二十五传，卷二十六神道碑，卷二十七墓表，卷二十八至卷三十二墓志铭，卷三十三行状，卷三十四诔，卷三十五祭文。这部分内容不仅反映出焦竑的人际关系网络，也为明代相关人物、制度与社会风俗等研究提供了重要资料。这些文章中有很多是受邀所作，也就是有偿服务。这也反映出明代文人经济来源的一个特殊渠道。既然是有偿，那么出资一方最想购买的，就是由作者身份给自己带来的“体面”。因此此类文章的数量越多，也越能体现作者的社会地位与公众认知度。

第三部分，是焦竑的诗词作品。其中卷三十六为四言古诗；卷三十七为五言古诗；卷三十八为七言古诗；卷三十九为五言律诗；卷四十为五言排律；卷四十一至卷四十二为七言律诗；卷四十三为五言绝句；卷四十四为六言绝句；卷四十五为七言绝句；卷四十六为诗余，即词。在前文的论述中，我们已经读到不少焦竑的诗词作品。可见这些作品不仅具有文学价值，也有很强的史料价值，可以反映焦竑在不同时期的日常活动以及心态变迁。

第四部分为答问，也就是与焦竑的几次讲学经历相关的内容。其中卷四十七为《崇正堂答问》；卷四十八为《古城答问》；卷四十九为《明德堂答问》。关于后两次讲学，前章中已有论述。而《崇正堂答问》，则很可能是焦竑早年在崇正书院为山长时的一些讲学记录。这三部答问除收录在《焦氏澹园集》之外，还有一部合刻本，名为《焦弱侯答问》，由潘曾纮编辑刊行。

《焦氏澹园续集》现存版本有二。一是明万历三十九年（1611）金励刻本（图十六）。集前有金励撰《焦氏澹园续集序》、徐光启撰《尊师澹园焦先生续集序》。

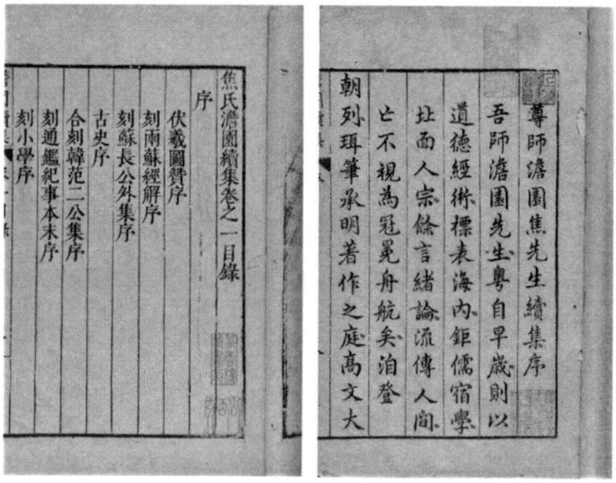
尊師澹園焦先生續集序
吾師澹園先生粤自早歲則以
道德經術標表海内鉅儒宿學
址而人宗餘言緒論流傳人間
亡不視為冠冕舟航矣洎登
朝列珥筆承明著作之庭高文大

焦氏澹園續集卷之一目錄
序
伏羲圖贊序
刻兩蘇經解序
刻蘇長公外集序
古史序
合刻韓范二公集序
刻通鑑紀事本末序
刻小學序

图十六　明万历三十九年（1611）金励刻本《焦氏澹园续集》

从内容上说，《焦氏澹园续集》比《焦氏澹园集》有所减少，只有文章书信、诗词两部分。也就是说，续集所增补的，就是正集中的第二与第三部分。其中卷一至卷十八为文：卷一至卷三为序，卷四碑记，卷五书，卷六启，卷七帐词，卷八赞、颂，卷九题跋，卷十至卷十一为传，卷十二神道碑，卷十三至卷十五为墓志铭，卷十六行状，卷十七哀辞，卷十八祭文。由此可见焦竑所作的各种人情类、交往类文章之多。

卷十九之后是诗词：卷十九为四言古诗，卷二十为五言古诗，卷二十一为七言古诗，卷二十二为五言律诗，卷二十三为五言排律，卷二十四为七言律诗，卷二十五为五言绝句，卷二十六为七言绝句，卷二十七为诗余。

《焦氏澹园续集》的第二个版本，是蒋国榜（1893—1970）民国三年至五年（1914—1916）《金陵丛书》排印本。蒋国榜是清末民初南京著名的藏书家，据其言《金陵丛书》本乃“据傅苕生丈旧钞”。“傅苕生丈”，即南京人傅春官，字苕生。傅春官家境充裕，曾捐得候补道衔，历任江西实业学堂总办、江西劝业道尹、浔阳道尹。南昌光复后，他又认捐一千元，成为南昌红十字会正会长。① 与此同时，傅春官也刊刻了大批与南京有关的历史文献，如《金陵历代建置表》、《国朝金陵丛书》二十二卷、《金陵丛刻》三十六卷，时间都在光绪二十三年到二十七年（1897—1901）间。由于这些刊印活动，傅春官手里收集了大批资料，也包括《焦氏澹园续集》。在版式与内容上，这一版本都与明刻本存在差异。如据李剑雄考证，《金陵丛书》本较明刻本总计多出诗文九十三篇，略占续集全书的五分之一。由于明刻本每卷末都有“本卷终了”的字样，所以《金陵丛书》本多出的篇章“绝非明万历刻本原有而后来才发生残佚的，而是傅氏所藏旧抄本所增补者”。由此也可以推测，《焦氏澹园续集》初刻本问世之后，还有再刻本或者补编本。这一版本藉由民国三年《金陵丛书》的编辑出版而得以流传下来，非常可贵。可惜由于传本系统不完整，目前无法得知增补之渊源。

① 参见庞振宇、陈晓明：《清末新政时期江西农业改良举措探析——以傅春官〈江西农工商矿纪略〉为中心》，《农业考古》2009年第4期。

结　语　历史洪流中的个人与家族

状元焦竑，是晚明南京的一位杰出士人，在地方历史上留下了不可磨灭的印记。然而我们在了解焦竑这个人物的同时，更应该关注他所生活的那个时空背景。只有将历史人物还原到历史语境中，才能更为客观地理解他的行为、思想与人生轨迹。

首先，状元这一身份对于焦竑而言，既有荣耀的一面，也有悲情的一面。对于明清时期的士人而言，人生最高的目标就是考中进士，这也是唯一的成功阶梯。到了清代，捐纳之途大开，很多困顿场屋的士子可以通过捐纳获得任官资格，京官最高可捐到五品，外官最高可捐到四品。即便如此，通过捐纳获得官职的"异途出身"者，依然与考中进士的"正途出身"者有所区别。而在焦竑生活的年代，捐纳多为"捐监"，即以国子监生的身份参加吏部铨选，掣中的职位多为州县佐杂官或学校教官。这离士人们心目中的"成功"相距甚远。然而除此之外，当时社会提供给他们的职业选择实在太少。同时，他们心中也有"万般皆下品，唯有读书高"的意识，即便科举之路万般艰难，也不愿轻易放弃。生存压力加上偏执心态，导致很多人一生蹉跎，失意潦倒。

焦竑虽然也经历过科场失意，但最终不仅考中了进士，而且是廷试第一的状元，这对一个士人来说是无上的褒奖。甚至他的家乡南京与祖籍地日照，都分享了这份荣耀。这个状元的身份，也足以让焦竑青史留名。然而这个迟来的成功，却没能让焦竑实现他的人生理想。前文提到，焦竑具有政治热情，他的思想中也有经世致用的一面。入职翰林院后，不仅师友门生对他期望极高，焦竑自己也很想成就一番事业。然而，他在翰林院十年，对每一项工作都兢兢业业，最终却招致流言攻讦，身陷困境而被贬职。正如黄仁宇所言，这不是个人的失败，而是制度的失败。"在这个时候，皇帝的励精图治或者晏安耽乐，首辅的独裁或者调和，高级将领的富于创造或者习于苟安，文官的廉洁奉公或者贪污舞弊，思想家的极端进步或者绝对保守，最后的结果，都是无分善恶，统统不能在事业上取得有意义的发展，有的身败，有的名裂，还有的人则身败而兼名裂。”①

当然，焦竑去官并没有导致他身败名裂。他依然是受人尊敬的文坛大儒，在人生的最后二十年中优游林下，著书讲学，以道德经术引领海内。然而相比于他前半生的奋斗与曾经的辉煌，“老去服车空有志”的结局还是充满了悲情色彩。焦竑的很多师友门生都认为他“抱经国才，具人伦鉴，宜致位宰相，丞弼天子”。这也体现出时人对状元的期许。的确，在万历朝的首辅中，申时行、赵志皋、王锡爵、李廷机都曾是廷试一甲前三名的状元、榜眼和探花。这种不自觉的对比与期待，或许也会时时扰乱焦竑的内心。他无法摆脱时代局限而获得真正的身心自由，只能选择妥协。

最后，焦氏家族自崇祯以后的迅速没落，也反映出明清南京城市社会的特殊之处。金陵焦氏自明初以军籍落户南京，到了焦瑞、焦竑这一代，终于实现身份转型。然而焦瑞没有子嗣。焦竑的三个儿子中，只有次子考中举人，可惜和长子一样早逝。唯一给他送终的三子焦润生，明清鼎革之际战死于云南。焦润生子焦絅，南明福王时期荫户部主事，鼎革后“感怆卒”。焦絅二子为焦诚、焦礽。清代康熙年间，焦礽之子焦君万将曾祖父焦润生的尸骨从云南迎归故里。然而直至清末，焦竑的子嗣中都未能有以功名入仕者。

焦竑的哥哥焦靖承袭军职，后代似无业儒者。至于弟弟焦皙的生平，史料中亦少有记载，只知焦皙去世较早，其妻胡氏，以守节闻名。焦皙有两个儿子，名为焦泰生、焦德生。泰生“隐于酒”，德生“遵母训，笃志力学，名誉日起，补应天诸生。崇祯十四年以疫卒”。明清鼎革之后，焦德生的两个儿子焦缜、焦綎由寡母抚养成人。焦缜为江宁生员，焦綎考中武举，然而都不幸早逝。此后他们的妻子张氏、卢氏各自带着幼子“渡江，守田舍焉”。②

---

① 黄仁宇：《万历十五年》，生活·读书·新知三联书店，1997年，第245页。

② 陈作霖：《金陵通传》卷十九，《中国方志丛书·华中地方》第38册，成文出版社有限公司，1970年影印本，第556页。

由于焦家在“生”字辈皆失意科场，家庭经济状况也随之恶化。这导致焦竑的丰富藏书无人能守，很快就流失了。黄宗羲（1610—1695）在《天一阁藏书记（己未）》中曾记：“辛巳，余在南中，闻焦氏书欲卖，急往讯之。不受奇零之值，二千金方得为售主。时冯邺仙官南纳言，余以为书归邺仙，犹归我也，邺仙大喜。及余归而不果。后来闻亦散去矣。”（《南雷文定》）“辛巳”是崇祯十四年（1641），当时焦氏后人将焦竑藏书作价出售，但不接受零买，必须以两千两白银一次买断。从书籍保护的角度来说，这当然是最为理想的。然而黄宗羲却拿不出这么多钱。他希望当时在南京任给事中的好朋友冯邺仙能把书买去，认为书落到冯邺仙手里，和在自己手里也是一样。然而冯邺仙最终也没有出手。焦竑的珍贵藏书就这样不知流散何方了。

类似的情况在晚明南京相当普遍。顾起元曾记：“南都前辈多藏书之富者，司马侍御泰、罗太守凤、胡太史汝嘉，尤号充栋，其后人不能守，遂多散佚。”其中御史司马泰家中“书目尤多，有东坡先生《论语解》抄本四卷，其家数有郁攸之变，此书亡矣”；胡汝嘉“牙签锦轴，最为珍异，而子孙式微，雕落市肆，尤为人所惋叹”；又有“里中故家子，有分书不计部数，以为不均，每遇大部，兄弟平分，各得数册者。有藏书不庋箧笥，狼藉大米桶中，或为人践踏者”。[①] 这样一两代之后便雕落式微之士绅家庭在南京比比皆是。

“后人不能守”的原因，在于南京士绅家族的特殊形态。嘉靖末年，南京人盛时泰就说过：“国初尽徙城中人于四方，复取四方人实之，以是都城中无世家，因无世法，遂无世谱。自三四传后，子孙遂不识认，名字不相通，凶吉不相问，况共承祭祀，共为宴享矣乎？以是虽有同族，实为路人，孝爱以是而衰，风俗以是而薄，可慨也已。”（《秣陵盛氏族谱》）盛时泰提到的“国初尽徙城中人于四方，复取四方人实之”，就是指洪武时期的“徙实京师”政策。前文提到，焦家以军籍落户南京，也是明初大规模人口迁徙中的一员。这样的长距离迁徙，削弱了南京居民与原籍地宗族之间的联系。正如焦竑在给日照宗人的信件中提到的，自他父亲焦文杰开始，金陵

① 顾起元：《客座赘语》卷八《藏书》，第253页。

焦氏与日照焦氏之间的交往几乎完全中断。如果不是因为他日后成为状元，日照族人或许会永远忘了南京城中还有这一宗族支脉。

明初落籍南京的平民家族，不仅与原籍地之间的关系日渐淡漠，更没有与现居地之间的地缘与血缘基础。他们进入城市，不是一种自然的城乡流动，而带有明显的政策强制色彩。这些家族的社会转型，多在正嘉之际。也就是说，以三十年为一代计，一个平民家族由经商、业儒、入仕而迈入士绅阶层，大约要经历五至六代人的时间。金陵焦家就属于其中之一。

然而正如盛时泰所言，“都城中无世家”，晚明南京的新兴士大夫家族虽然支撑起了金陵人文渊薮的形象，但他们与同时期三吴地区由乡村而逐渐迁入城市的望族相比，缺乏宗族的经济与人口基础，也就因之没有持续的发展力。从焦瑞与焦竑的经历，我们已经看到科举道路之艰难。要想在每代人中都复制这种成功，对于一个核心家庭而言几乎是不可能的。只有以一个庞大的“宗族”为依托，才可能实现文化与地位的传承。事实上，当焦竑的“五车楼”藏书被后人售卖之时，与他一起创造过南都科举辉煌的朱之蕃与顾起元，也未能避免“后人不能守”的结局。或许是预见到这种情形，他们对于自己的身后事，也都表现出一种达观与洒脱。

状元朱之蕃于天启四年(1624)去世。朱氏别业“小桃园”在谢公墩北，靠近朝天宫。致仕后的朱之蕃“积鼎彝书画其中，啸咏自得，不干津要”。他在生前不事积聚，乐善好施。临终时对其子说：“人生聚则为形，散则为气，一去来间耳”，对于自己的后事没有一句交待。[①] 朱之蕃的两个弟弟朱之翰、朱之士，都仅仅为生员，一生未能取得功名。朱之蕃的儿子朱从义，以荫入国子监，清顺治五年(1648)任浙江省分巡绍台道。早在崇祯十二年(1639)，南直隶贵池人吴应箕(1594—1645)来南京参加乡试并游历各处名园时，就发现朱氏小桃源已经卖给了一个姓于的金坛人。不光园林易主，“朱之书画玩好甲于南中，今皆荡析不存”，这令吴应箕惋叹不已。(《留都见闻录》)

探花顾起元，逝于崇祯元年(1628)。顾起元的遁园，就在南京城西南

① 陈作霖：《金陵通传》卷十九，第557—558页。

的杏花村一带。顾起元长子顾道昆，以荫为户部检校；次子顾巽昆，生平不详，巽昆子顾莀诒，为国子监生。顾起元的父亲顾国辅为万历二年(1574)进士，因与张居正不和，以刑部郎中致仕。顾起元的大弟顾起凤，为万历三十八年进士，以鸿胪寺卿致仕。二弟顾起栴，未仕而卒。三弟顾起贞，为天启元年(1621)举人，历任台州州学教授、国子监学正、户部员外郎。可见在顾国辅与顾起元父子两代，顾氏家族在举业上成就不小，因此顾家的社会根基要比焦家更为牢厚。即便如此，金陵顾氏在清代依然未能再现晚明的辉煌。其后代之中，业儒者多以诸生终老，生计日蹙。至顾起元的八世孙顾得胜，"咸丰初以贫故从军，为列校，待士卒有恩，提督鲍超重之。所战辄捷，洊升至副将"，后战死于广东嘉应。[1] 顾氏以金吾卫籍徙南京，到明末走上仕途，再到晚清太平天国战争期间的从军，似乎经历了一个家族身份的轮回。这也反映出明清之际以科举为正途、既单一又充满变数的社会流动体制。对于晚明南京状元焦竑生平的了解，也不能脱离这一大的历史背景。

① 陈作霖：《金陵通传》卷十九，第575页。

参考文献

历史文献：

[清]张廷玉:《明史》,中华书局,1974年版。

[明]申时行:《大明会典》,《续修四库全书》,上海古籍出版社,2002年版。

至正《金陵新志》,《金陵全书》甲编,南京出版社,2010年版。

万历《上元县志》,《金陵全书》甲编,南京出版社,2010年版。

光绪《日照县志》,成文出版社,1976年版。

[明]耿定向:《耿天台先生全书》,《四库全书存目丛书》,齐鲁书社,1997年版。

[明]顾起元:《客座赘语》,中华书局,1992年版。

[明]顾起元:《遁园漫稿》,《四库禁毁书丛刊》,北京出版社,1997年版。

[明]过庭训:《本朝分省人物考》,《续修四库全书》,上海古籍出版社,2002年版。

[明]黄汝亨:《寓林集》,《续修四库全书》本,上海古籍出版社,1995年版。

[明]焦竑:《澹园集(全二册)》,李剑雄点校,上海古籍出版社,1999年版。

[明]焦竑:《国朝经籍志》,《续修四库全书》,上海古籍出版社,2002年版。

[明]焦竑:《焦太史编辑国朝献征录》,《续修四库全书》,上海古籍出版社,2002年版。

[明]焦竑:《焦氏笔乘》,《续修四库全书》,上海古籍出版社,2002年版。

[明]焦竑:《焦氏笔乘续集》,《续修四库全书》,上海古籍出版社,2002年版。

[明]焦竑:《焦氏澹园集》,《四库禁毁书丛刊》,北京出版社,1997年版。

[明]焦竑:《焦氏澹园续集》,《四库禁毁书丛刊》,北京出版社,1997年版。

[明]焦竑:《焦氏类林》,《续修四库全书》,上海古籍出版社,2002年版。

[明]焦竑:《老子翼》,《金陵丛书》甲集,民国三年至五年(1914—1916)上元蒋氏慎修书屋排印本。

[明]焦竑:《养正图解》,北京大学图书馆藏清光绪二十一年(1895)重刊本。

[明]焦竑:《玉堂丛语》,《续修四库全书》,上海古籍出版社,2002年版。

[明]焦竑:《庄子翼》,《金陵丛书》甲集,民国三年至五年(1914—1916)上元蒋氏慎修书屋排印本。

[明]李贽:《焚书》,中华书局,1975年版。

[明]祁承㸁:《澹生堂藏书约》,《续修四库全书》,上海古籍出版社,2002年版。

[明]沈德符:《万历野获编》,中华书局,1959年版。

[明]盛时泰:《秣陵盛氏族谱》,《丛书集成续编》,上海书店出版社,1994年版。

[明]陶望龄:《歇庵集》,《续修四库全书》,上海古籍出版社,2002年版。

[明]汪道昆:《太函集》,《续修四库全书》,上海古籍出版社,2002年版。

[明]吴应箕:《留都见闻录》,征献楼民国三十七年(1948)刻本。

[明]徐𤊹:《鳌峰集》,《续修四库全书》,上海古籍出版社,2002年版。

[明]余孟麟:《金陵雅游编》,南京图书馆藏天启三年(1623)刊本。

[明]于若瀛:《弗告堂集》,《四库禁毁书丛刊》,北京出版社,1997年版。

[明]袁中道:《珂雪斋集·外集》,《续修四库全书》,上海古籍出版社,2002年版。

[明]袁中道:《珂雪斋近集》,《续修四库全书》,上海古籍出版社,2002年版。

[明]郑晓:《今言》,中华书局,1984年版。

[明]钟惺:《隐秀轩集》,《四库禁毁书丛刊》本,北京出版社,1998年版。

[明]周晖:《金陵琐事》,成文出版社,1983年版。

[明]朱国祯:《涌幢小品》,中华书局,1959年版。

[清]陈作霖:《金陵通传》,《江苏人物传记丛刊》第七册,广陵书社,2011年版。

[清]黄虞稷、周在浚:《征刻唐宋秘本书目》,《丛书集成续编》,上海书店出版社,1994年版。

[清]黄宗羲:《南雷文定》,《续修四库全书》,上海古籍出版社,2002年版。

[清]钱谦益:《列朝诗集小传》,《续修四库全书》,上海古籍出版社,2002年版。

[清]吴敬梓:《儒林外史(汇校汇评)》,李汉秋辑校,上海古籍出版社,2010年版。

[清]永瑢等撰:《四库全书总目》,中华书局,1965年版。

[清]周中孚:《郑堂读书记》,上海书店出版社,2009年版本。

[意]利玛窦、金尼阁著:《利玛窦中古札记》,中华书局,1983年版。

今人研究:

黄仁宇:《万历十五年》,生活·读书·新知三联书店,1997年版。

李剑雄:《焦竑评传》,南京大学出版社,1998年版。

谢国桢:《明代笔记丛谈》,上海书店,2004年版。

杨昶、史振卿:《焦竑著述考》,《历史文献研究》第26辑,华中师范大学出版社,2007年版。

范金民等编:《南京通史(明代卷)》,南京出版社,2012年版。

庞振宇、陈晓明:《清末新政时期江西农业改良举措探析——以傅春官〈江西农工商矿纪略〉为中心》,《农业考古》2009年第4期。

胡翠娈:《焦竑〈焦氏类林〉研究》,浙江师范大学硕士学位论文,2011年。

附　录　明代的南京

万历二十六年(1598),意大利传教士利玛窦(Matteo Ricci,1552—1610)第一次来到南京时,就对这个“真正到处都是殿、庙、塔、桥”的大城市感到震惊,并且认为,论秀丽和雄伟,“或许很少有其他城市可以与它匹敌或胜过他。……在某些方面,它超过我们的欧洲城市”。他在札记中还特别指出:“此城一度是全国的都城和几百年来古代帝王的驻跸地,尽管皇帝由于前面提到的理由已移位北方的北京,南京仍然没有失掉它的雄壮和名声。即或是失掉了,那一事实也仅只证明它从前比现在更加了不起。”①

与同时代的中国人一样,利玛窦对南京城的评价来自两个方面:一是真实的城市景观,二是明初“都城地位”赋予南京的“雄壮和名声”。就这两方面而言,大明开国皇帝朱元璋对这个城市的影响是最为深远的。自洪武元年(1368)朱元璋登基,至永乐二十一年(1423)朱棣正式迁都北京,南京作为大明朝国都仅仅五十六年。然而半个世纪的都城建设,不仅赋予南京以新的物质空间形态,也改造了城市的人口构成及城乡关系。洪武时代奠定的格局,并未湮灭在十五世纪初的迁都,或十六世纪中期后的商业化浪潮中。要讨论二十世纪之前南京的城市特征,必须以洪武时代为起点。

一、城市空间

提到明代南京城,最令人赞叹的建筑当属城墙。明代是城墙修建的

① [意]利玛窦、金尼阁著:《利玛窦中国札记》,何高济、王遵仲、李申译,何兆武校,中华书局,2005年版,第286—287、第288页。

高峰期，修建郡县城池约1300个。然而修筑的时间有先后，质量有高下。总体而言，城墙体现着一个城市的行政地位：行政等级愈高，则筑城时间愈早、城池面积愈大、城墙愈坚美完善。作为明代开国之都，南京的城墙无疑达到最高规格。吴敬梓在小说《儒林外史》中写到："这南京乃是太祖皇帝建都的所在。里城门十三，外城门十八，穿城四十里，沿城一转足有一百二十里。"如此壮观的城墙，也令传教士利玛窦赞叹不已。

不过吴敬梓所谓"穿城四十里，沿城一转足有一百二十里"，指的是南京外城垣。而真正体现明代砖石筑城技术的，是包含十三座城门的内城墙。明代南京内城墙总长度为九十余里。《大明会典》记载，"国初定都南京，城周围九十六里，门十三，曰正阳、通济、聚宝、三山、石城、清凉、定淮、仪凤、钟阜、金川、神策、太平、朝阳"。将拱券砌造技术广泛应用于城门，即始于此。此外，城墙上一路修有垛口、城铺、旗台，具有强大的防御功能。下层还有供官员休息的官厅、供值守军士使用的直房、盘诘房，以及存储兵器等的库房、战时使用的藏兵洞。大多数城门边还设有水门或水洞。被归为"冲繁"一类的通济门、聚宝门、三山门皆位于城池南部，城门的建筑规格与防御性也最高，为四层拱券门、八扇城门。顾起元（1565—1628）曾自豪地记到："南都城围九十里，高坚甲于海内。自通济门起至三山门止一段，尤为屹然。聚宝门左右皆巨石砌至顶，高数丈，吾行天下，未见有坚厚若此者也。"①

有明一代，南京城墙之所以能够得到较好维护，主要原因在于南京的政治地位。作为陪都，城墙、城门的管理一直由南京工部、兵部及五军都督府负责，而未下放至府、县衙门。"都城时代"建立的城墙、城门管理制度，在"陪都时代"基本得以保留。无论从制度的规范性、严格性，还是经费与人员保障上说，南京城要远远优于其他府县级城市。

与砖石结构的内城墙不同，南京外城垣多以夯土筑成，城门的名称与数量也有变化，从十五至十八不等。可见外城门的添减，可因时因事而定。与内城墙相比，外城墙几乎不能起到军事防御功能，在管理与维修上也较为散漫。至明末，外垣坍塌的现象已经十分严重，几乎形同虚设。

① 顾起元：《客座赘语》卷九《石城》，中华书局1997年版，第294页。

在南京城中，不同区域之间的人口密度与社会功能有着较大差异。总体而言，内秦淮河沿岸、原南唐旧城所在地仍是城市的经济、文化中心。顾起元曾描写到："自大中桥而西，繇淮清桥达于三山街、斗门桥以西，至三山门，又北自仓巷至冶城，转而东至内桥、中正街而止，京兆赤县之所弹压也，百货聚焉。其物力，客多而主少，市魁驵儈，千百嘈哜其中，故其小人多攫攘而浮兢。自东水关西达武定桥，转南门而西至饮虹、上浮二桥，复东折而江宁县至三坊巷贡院，世胄宦族之所都居也。其人文之在主者多，其物力之在外者侈，游士豪客，兢千金裘马之风。而六院之油檀裙屐，浸淫染于闾阎，膏唇耀首，仿而效之，至武定桥之东西。嘻，甚矣！故其小人多嬉靡而淫惰。"①

绘于明中期的《南都繁会图卷》，为我们描绘了城南的商业繁华景象。据学者研究，图中所表现的是从南市街到北市街的一段。图中共出现店招一百零九种，包括"专染纱罗""义兴油坊""涌和布庄""勇申布庄发兑""细绒老店""鲜明绒线发客""粮食豆谷老行""食盐""广炭""铜锡老店""京式小刀""上细官窑名瓷""漆盒""机烛""雨伞""梳篦老店""画脂杭粉名香官皂""弓箭盔缨""花炮""网巾发客""帽巾""头发老店""靴鞋老店""极品官带""立记川广杂货""发兑官燕""福广海味""西北两口皮货发售""东西两洋货物齐全""木行""大生号生熟漆""枣庄""香糖""素食果品""南北果品""应时细点名糕""钱庄""当""万源号通商银铺""内廊乐贤堂名书发兑""书铺""裱画""画寓""官启名笺""药材""人参发兑""鹿茸膏""兼治杂症""茶社""酒""张楼""浴堂""京人要戏""杂要把戏""卜卦命馆""阳宅地理""相馆"等。这些市招，涉及丝绸业、铜锡加工业、刻书印书业、粮油加工等手工行业；粮食、糖果糕点等副食品行业；银铺、钱庄、当铺等金融行业；鞋帽、头巾、衣带、绒线、瓷器、木炭、脂粉、药材、食盐、海味、刀箭、爆竹等日用百货杂业；茶社、酒楼、浴室等生活服务行业；命相、相宅等占卜行业；杂要等娱乐行业，生动地展示了明中后期南京的城市商业风貌。

城南作为最"高端"的生活区域，是勋戚世族集中之地。武定侯府、惠

① 顾起元：《客座赘语》卷一《风俗》，第26页。

安伯府、魏国公府、永康侯府、顾皇亲宅、沐国公府、三宝马内相宅、诚意伯府、怀远侯府、定远侯府、隆平侯府、忻诚伯府、齐宗室府、襄城伯府、英国公府、临淮侯府、梅皇亲府、武宁侯府、赵驸马府、成国公府、南宁伯府皆位于此。由于人口密度大、用地紧张,有时连特权阶层也难以扩建房屋。

城市的东部,则是政治中心区。其中皇城占据了大半空间,府、部、院衙门与私署环列南北,并驻有九卫所,其中包括八个亲军卫。从居住环境上说,东城比较局促。高启(1336—1374)在《水云居记》中就曾写到:“京师四方之所走集,居人栉比而庐,不隙尺地,求遐旷之适无有也。吴陵刘雨侨于东城之隅,扁其室曰‘水云居’,尝请余为之记。余间过其居而异之曰:‘子之居前阛阓而后营卫,固纷嚣尘坌之区也,恶睹夫水与云哉?’”

北城地方最为辽阔。“由笪桥而北,自冶城转北门桥、鼓楼以东,包成贤街而南,至西华门而止,是武弁中涓之所群萃,太学生徒之所州处也。其人文,主客颇相埒,而物力啬,可以娱乐耳目,羶慕之者,必徙而图南,非是则株守其处,故其小人多拘狃而劬瘠”[①]。由鼓楼再往北则多为营卫驻地,“其地多旷土,其人文,主与客并少,物力在外者啬,民什三而军什七”[②]。北城主要的商业活动集中在国子监一带,但也极为有限。

西城与南城偏在城外。其中西城滨江,上新河、龙江关等码头为重要的转运贸易港,设有税关。万历时期,“城外惟上新河、龙江关二处为商帆贾舶所鳞辏,上河尤号繁衍”[③]。南京优越的交通运输条件使其成为东南地区木材贩运的集散中心。上新河是木材集散和徽州木商麇集之处。来自赣、川、湘、黔上游的竹木材,在此编队,转输到苏、常和淮、扬一带。大胜关和龙江关,数里之间,木商辐辏。明代徽州木商以婺源人为多,南京也有大量的婺源木商。直至清代,徽州木商依然是南京客商群体中一个极富实力的集团。除经营木业之外,南京的徽商还从事典当业、色纸贸易,开设茶馆、药铺,经营书画等。

南门以外的地区居民最少,但南郊景色优美,寺院林立,可谓城市的后花园。《儒林外史》中描写季恬逸、萧金铉到南门外报恩寺求寓,看了三

---

① 顾起元:《客座赘语》卷一《风俗》,第27页。

② 顾起元:《客座赘语》卷一《风俗》,第27页。

③ 顾起元:《客座赘语》卷一《市井》,第23页。

间房子，和尚要三两银子一月，结果闹得不欢而散。可见当时不少暂居南京的外来人口喜欢租住在南门外的寺庙中，这里的租金远远高于城北。寺院经济的繁荣，首先得益于官员与文人的推动。当时南都士宦交际冶游、诗酒聚会，多爱前往寺院。这就使寺院更为世俗化、公共化。士宦阶层的行为方式亦逐渐向社会下层渗透，成为一个城市的人文特色。对于这一人文特色最精彩的描写，来自吴敬梓的小说《儒林外史》。在第二十九回中，杜慎卿等人游览雨花台，“坐了半日，日色已经西斜。只见两个挑粪桶的，挑了两担空桶，歇在山上。这一个拍那一个肩头道：‘兄弟，今日的货已经卖完了！我和你到永宁泉吃一壶水，回来再到雨花台看看落照！’杜慎卿笑道：‘真乃“菜佣酒保，都有六朝烟水气”。一点也不差！’”

二、城市人口

对于明代南京的城市人口，不同学者的估算从五十万到一百万不等。由于缺乏可信的户籍数据，加之估算使用的标准不一，故纠结于数字本身意义不大。无论如何，明人眼中的南京是“东南一大都会”，这是无可争辩的事实。就人口增长与人口构成而言，南京城与江南其他核心城市有很大不同。造成差异的原因，首先是明初的“徙实京师”政策，其次是南京特殊的行政地位。

朱元璋定都南京之后，实行了一些特殊的人口政策。野史笔记中常称，因为对南京土著的不信任，朱元璋将城里的原住民都迁往云南。对于这一说法，至今尚未有确切史料能够证明。但洪武时期的确实行了“徙实京师”政策，即将其他地区的居民强行迁入新都。顾起元《客座赘语》中载，洪武十三年(1380)起“取苏、浙等处上户四万五千余家，填实京师，壮丁发各监局充匠，余为编户，置都城之内外”[①]。但据《明太祖实录》，南京大规模人口入迁有两次，一是洪武二十四年徙五千三百户富民于京师，二为洪武二十八年移直隶苏州等十七府州及浙江等六布政司小民赴京，充

① 顾起元：《客座赘语》卷二《坊厢始末》，第64页。

仓脚夫。洪武十三年却并无相关记载。顾起元的说法源自何处,我们不得而知。

从地缘构成上看,明初迁入人口也不仅来自南直隶与浙江一带,包括江西、湖广、福建、山东等地区均有人户被强行迁入南京城。此外还有来自西域的"回回户"。从元朝开始,南京地区就有西域移民迁入,明初则是一个小高峰。弘治五年(1492)《敕建净觉礼拜贰寺碑记》中记载,洪武初有西域鲁密国的可马鲁、亦卜剌金等十三户归附,寄籍江宁县,优免差役。当然,明初落籍南京的西域移民远不止这十三户。如洪武二年(1369)四月,"征故回回司天台郑阿里等十一人至京师,命给饩廪,赐衣服有差"[①]。

明初移民中除徙实京师的民户外,卫所军户所占比例亦大。明代实行军户世袭制度,被编入"军籍"的人户就要世代承担兵役,一朝当兵,终身为伍,父子袭替。军人则被编入卫、所。大体上五千六百人为一卫,长官为指挥使,卫下分五个千户所,每所一千一百二十人,长官为千户。千户所下又分百户所、总旗、小旗。明代南京的卫所建置自宣德年间稳定下来,卫所总数五十一个,包括四十九卫二所。四十九卫之中,亲军卫十七,隶五府者三十二。这些卫所绝大多数分布于南京城中或周边,卫所军户便成为城市人口的重要构成部分。

卫所军户的地缘构成相当复杂,可以说来自全国各地。一旦赴南京卫所服役,他们很少有机会离开这个城市。由于明政府鼓励军士携家赴卫,军士"在卫立籍"的现象愈发普遍。十七世纪初,南京各卫军在伍者,其先祖皆为明初服役于南京的"祖军"。就南京正军人数而言,洪武时期的最高值大约在二十万,永乐迁都后,卫所人数急剧下降。但按照军户家庭计算,这部分人口仍然相当庞大。明人于慎行曾指出,北京一城之中,"京兆之民十得一二,营卫之兵十得四五,四方之民十得六七"[②]。作为陪都,南京的人口结构也当大致如此。

到了明代中后期,南京城里绝大部分"土著",其实就是明初移民的后

---

① 《明太祖实录》卷四十一"洪武二年四月庚午"条,台北"中研院"历史语言研究所,1962年版,第817页。

② 于慎行:《谷山笔麈》卷十二《形势》,中华书局,1997年版,第129—130页。

代。无论是民籍还是军籍，当他们被强行迁入城市之后，其经济与社会生活的重心也发生了转移，不再从事农业生产。很多以白丁起家的南京士绅家族，都有过经商的背景。而南京作为一个典型的消费型城市，也为大小商户提供了市场机会。正德《江宁县志》记载的铺户，包括段子、表绫、丝绵、布绢、零布、绒线、改机、腰机、包头、手帕、纻丝、罗、纱、绉纱、打线、荷包、油灰、枕头、故衣、重纸、抄纸、零纸、纸扇、扇面、扇骨、表背、经书、画、冥衣、纸马、翠花、染纸、花叠、卖铁、铁锅、倒金、金箔、金线、打银、笔、倾银、卖铜、打铜、铜钱、碎铜、底皮、船板、打锡、酒坊、磨坊、柴灰、墨、铁锁、琉璃、打刀、香蜡、杂物、油坊、桐油、果子、停塌、油烛、生漆、靴、医药、生药、熟皮、颜料、卖纱、厨子、销金、活猪、活羊、鸡鹅、干鱼、盐、染坊、木匠、瓦匠、鲜鱼、草席、卖木、卖竹、斜木、木桶、包索、盒柤、氈、桌器、冠带、头巾、网巾、僧帽、裁缝、茶食、打绦、天平、米豆、料砖、麻、伞、铜锭铰、纸金银锭铰。这些行业反映了城市居民的消费需求，多为主副食品与日用百货，经营者为中小商户。

在城市商业版图中，利润较高、所需本金较大的行当为盐业、典当业、绸缎业、竹木业。这些领域往往被外地商人把持，其中又以安徽、福建商人为多。晚明时期，徽州盐商已经成为一大商帮群体。盐商的主要聚居地固然在淮扬一带，但一些人在经商成功后，往往移家南京。他们在南京的投资以典当为主。但赢利并非唯一目的，与南京官员士绅的社会交往也是一个重要考虑。这与徽州商人普遍希望后代能科举入仕、完成第二次社会地位上升的期望相关。与万历后期的金陵名士顾起元、顾起凤兄弟及焦竑、朱之蕃等皆交好的商人郑泽，可谓此类盐商之典型代表。郑泽幼年失怙，由寡母抚养长大。为了重振家业，郑泽选择弃儒从商，在淮扬一带经营盐业十几年，积累了大笔财富。此后便携家来到南京。具有儒商气质的郑泽，被南京士绅们奉为上宾。

作为南中国的政治中心，官员也是城市人口中的重要群体。南京的文官群体，包括陪都中央机构中的大小九卿，以及应天府与上元、江宁二县的正印官与佐杂官。就人数与地位而言，"京官"占据绝对优势。南京官的一大特征，就是悠闲。尽管在两都制下，南北两京皆有六部，但北京六部真正掌握实权，南京六部则被视为虚职。就职南京的官员，心态各不相同，“不仅有受政治排挤失意者，也有欲避开北京权力政争的中心而求悠闲者”。此外，“为养家或养病乞请改任南京者”有之；将南京作为历练之所者有之；看重南京京官荣誉者亦有之。[①] 无论如何，南京六部政务简单，闲暇时多，官员热衷于交游，诗酒之会成为其生活重心。

与此同时，这些官员也热衷于文化赞助，以提携后进。由于掌握政治与文化资源，薪俸微薄的他们能利用特权获得各种实物与服务，不仅可供自身享用，还能惠及朋友、门人。南京的官员群体就像一个巨大的磁铁，吸引着江浙、福建一带的文人群体涌向这个城市。可以说，在清代扬州盐商崛起为文化赞助人之前，明中后期陪都南京的官员学者构成南中国最大的赞助人群体。这一群体决定了东南士人流动的格局，也造就了金陵艺文场域的辉煌。

除官员之外，流动人口中另一个社会身份较高的群体是在监游学之士，即国子监生。明代的学校教育以官办机构为主导。国子监为中央教育机构，级别最高。明初在京师及中都俱设国子监，永乐迁都后，北京亦设国子监。其后裁撤中都国子监，仅有南北两京国子监，称为北雍和南雍。国子监主官称祭酒，或尊为大司成，从四品官。

南京国子监位于城北鸡鸣山下，修建于洪武十四年至十五年(1381—1382)。在此之前称“国子学”，校址在城南秦淮河边。新国子学建成后，改称“国子监”，国子学原址则由应天府学继承。南京国子监规模相当大，东至小教场、西至英灵坊、北至城坡土山、南至珍珠桥，左有龙舟山，右有鸡鸣山，北有玄武湖，南有珍珠河，延袤十里，灯火相辉。当时国子监生的来源有官生和民生两类。官生中多为勋臣子弟、武臣子弟、土官生和外国留学生，属于贵族和特权阶层。民生主要为各地儒学保送而来的岁贡生员。与公侯子弟不同，岁贡生员至京后还要参加入学考试，但中式比率相当高。很多国子监生或携家口来到南京，或者在南京成家置业，也渐渐融入地方社会，甚至落籍于此。

南京城市人口中，还有一类数量较为庞大的特殊职业群体，即僧道。洪武十五年，明太祖在京设立僧录司、道录司，皆为正六品衙门，分别位于

① 张英聘：《明代南京七卿年表简述》，《明清论丛》第六辑，紫禁城出版社，2005年版，第28-29页。

天界寺与朝天宫。而在外地方府州县则分设僧纲司、僧正司、僧会司,以及道纪司、道正司、道会司,掌天下僧道事。僧司衙门负责登记僧人、寺院、保举主持、申送并考试求取度牒的行童、管束僧人、管理寺院,道司衙门负责道童限年给度牒、各司申送、考试等项,与僧录司相埒。理论上说,各级行政中心皆设僧、道司衙门。

明代南京佛教昌盛。明初太祖、成祖皆提倡佛教,大量征召各宗名僧,举办法会,编刻大藏经,修建寺院,并对天禧、天界、能仁、灵谷、鸡鸣、栖霞等大寺赏赐田地山场,支持寺院经济。南京成为当时全国的佛教中心。最为著名的有八大寺,其中灵谷寺、天界寺、报恩寺称"三大寺",鸡鸣寺、栖霞寺、弘觉寺、静海寺、能仁寺称"五次大寺"。各寺设有住持。合计八大寺僧约三千人。加上其他一百七十所佛寺,有僧上万。

与佛教相比,道教的影响力较弱,道士数量也远少于僧人。但南北两京的道士有一项特殊的职业功能,即祭祀时的乐舞生,这又与礼部、太常寺体关系密切。可以说,这是支持南京道教发展的重要因素之一。明初管理道教的衙门为玄教院,洪武十五年(1382)改为道录司,正六品衙门,事属礼部,衙署在朝天宫。明代南京城中的道院为朝天宫、灵应观和卢龙观。[①] 其中朝天宫为道录司衙门所在,又处于城中繁华处,游客贩贾云集,故最为有名。

永乐迁都之后,南京不仅保留了中央文官及武职机构,也保留了内府二十四衙门。二十四衙门包括十二监、四司、八局,其中十二监为司礼监、御用监、内官监、御马监、司设监、尚保监、神宫监、尚膳监、尚衣监、印绶监、直殿监、都知监;四司为惜薪司、宝钞司、钟鼓司、混堂司;八局为兵仗局、巾帽局、针工局、内织染局、酒醋麦局、司苑局、浣衣局、银作局。此外,内府衙门还管有内府供用库、内承运库等。各监局皆设掌印太监一员,其余长随、佥书不等。有明一代,南京宦官总人数并不多。但这一群体的存在,仍标识着南京作为"陪都"的特殊地位。

最后,提到晚明南京,"秦淮八艳"也是最为人津津乐道的话题之一。晚明南京妓业的兴盛,当然与这个城市特殊的人文、经济环境相关,但这

① 顾起元:《客座赘语》卷十《寺院》,第312页。

个职业群体与南京的渊源，依然要追溯到洪武时期。明初京城官营妓院称富乐院。最早设于城西乾道桥，后因遭回禄而移至武定桥。富乐院的官营性质体现在管理上。洪武初由“熟知音律，能作乐府”的礼房吏王迪管领，后来则由教坊司管理。教坊司为礼部下属衙门，主要功能是为王室、官员提供乐舞服务。教坊司设奉銮、韶舞、司乐，其下则有俳长、色长、乐工。俳长、色长、乐工来自乐户，与军、民、匠、灶户一样，是一种户籍。各地乐户只为地方官佥派役使，独南北两京的乐户由教坊司管理。永乐迁都之后，南京教坊司无需为宫廷服务，于是多为南都官员所役使。正德之后，官绅宿娼之风愈演愈烈，教坊司乐工妻女逐渐融入妓业。尽管妓家各地皆有，南京的妓业也不仅限于秦淮一带，但秦淮风月之所以闻名，仍与教坊司管理的旧院一派密不可分。明人所称的“旧院”，即明初迁至武定桥的富乐院。带有教坊司乐工遗风的旧院一派，讲究色艺俱佳，这样的女子才能得到南都官绅的垂青，成为妓业翘楚。因此，明代秦淮妓业总有一丝“高雅”“精致”的意味，与他处单纯的色情交易别有不同。

三、城市管理

作为一个有数十万人口的大城市，明代南京是如何被管理的呢？近代以前，城市并非一级行政主体。国家行政层级的最低端为县，一县之中的城乡事务，皆由知县负责。南京的情况则非常复杂。首先，应天府以下有两个县——上元县与江宁县——皆为附郭县。也就是说，这两个县各有部分辖区在城内。而南京又是应天府城，知府也有管理的责任与权力。而作为留都，很多城市事务又为南京六部掌管。可以说，南京的城市管理牵涉到“三套班子”，即京官、知府、知县，与“两种模式”，即都城模式与府县模式。这是南京与江南其他核心城市的最大不同。要理解这一庞杂混乱的官僚体系及其运行模式，必须首先厘清不同部门之间的职责与关系。

在都城模式之下，南京的很多事务由六部直接负责，其中又以南京工部、礼部、兵部及都察院最为重要。陪都的基建项目，多由南京工部负责。南京工部营缮清吏司下属“外房科”,设典吏一名,专管里外城垣、门禁、官厅、直房、城铺等项。每年春秋仲月,内外守备会同南京工部尚书及营缮司官、应天府官巡视一周。如有损坏,内守备行揭贴、外守备行照会到南京工部,委任营缮司官员督同营缮所官吏、匠作估算工料并进行修理。南京工部都水清吏司下属“杂科”,设典吏一名,专管修理桥梁、水洞、泊岸、沟渠、街道等事。明代南京内秦淮河及其他河道的疏浚,大体都由工部负责,并开支经费。南京工部对城市基础设施的管理,使公共工程中的人员、物料、工费供给制度化:有专人管事,有公款可拨,有章法可循。这与州县行政中的佥派、募捐方式完全不同。

南京礼部在礼乐、祭祀等方面的事务不多,加之不能主持会试,常被讥讽为“冗员”。但其下属四司之一的祠祭清吏司却有两项重要职能:管理寺观与教坊司。《大明会典》载,“凡过年终,神乐观将在观官道、僧录司将各庵寺僧人、道录司将各宫观道士、三茅山元符宫将本宫道士、教坊司将六院乐户男妇户口,各造册送部,差人送礼部收查”;“凡南京教坊司官及俳长名缺,本部查勘明白,咨礼部奏补”。[1] 此外,南京礼部对城市风俗、民间礼教也有一定的监管责任。

南京兵部主要负责军政、船政、马政,卫所军士皆受其调遣管理。由于卫所军户在南京居民中的比例很高,故南京兵部事务较为繁重。此外,南京兵部尚书还兼参赞机务,是陪都守备系统中的成员,要负责陪都军事防御。南京守备系统十分复杂,包括守备、协同守备、内守备、参赞机务,其中守备、协同守备、参赞机务各一人,惟有内守备可由数人担任。南京守备总领武职衙门,又亲掌南京中军都督府,协同守备则掌前、后、左、右军都督府之一;守备、协同守备用公、侯、伯、都督。宣德十年(1435)又设参赞机务,以文臣兼之。成化二十三年(1487)后,参赞机务皆为南兵部尚书。可以说,南京六部中,兵部最为紧要。

南京都察院为三法司之一,主管问拟刑名、审录取决重囚及提问职官等事。都察院右副都御史或右佥都御史则提督操江官军,并巡视九江至镇江、苏松等处沿江军卫之事。此外,南京都察院还负责委派巡城御史与

① 申时行:《大明会典》卷一一七《礼部七十五·南京礼部》,《续修四库全书》,第791册,第179页。

五城兵马司官,这就使其更多地介入了城市日常事务。

尽管陪都中央机构的职能涉及城市生活的各个方面,但在具体执行时,往往要依靠五城兵马司。兵马司为京城特有的城市治安机构,该制度可以追溯到宋元时期。明初朱元璋在南京置兵马指挥使司,洪武二十三年(1390)更名为五城兵马指挥司,机构就此定型。整个京城被划分为中城、东城、北城、西城和南城五个辖区,由各城兵马司分领管辖。具体职责包括:负责编当各城坐铺火夫;遇有该管地方街道坍塌,沟渠淤塞及皇城周围坍损及时修理;遇官民房舍起火,督领弓兵火甲人等救火;巡城御史批发囚犯,由该城兵马司取供,并送法司拟罪发落;凡遇军民人等在街市斗殴、奸淫、赌博、撒泼、抢劫俱可擒拿;巡查该城军民人户有无窝藏逃军、逃匠、囚徒、盗贼等。

兵马司与南京六部并无直接统属关系,但由于职涉都城治安、房钞征收、街道清理、防火御盗、保甲夜巡等事,因此事务性联系十分频繁。除月报事迹,参谒迎送,领枷回风,督府发放等项外,关于火盗人命之事,每月要解报守备三次,候见私宅三处。无论有事无事,五城各官例于每月二十九日赴刑科应卯。兵马司及地方总甲还要每月一次赴南京工部营缮司呈递结状,汇报是否有折毁官房、侵占街道及阻塞沟渠等项。如有此类情况,要送法司问罪。此外,兵马司还协助户部征收民房、酒醋、总甲、余猪诸课钞,其中最重要的一项是五城房钞。总体而言,六部官员凡有正风俗、缉贼犯等事,皆行文五城兵马司晓谕地方或搜拿拘捕,兵马司几乎是南京城里最繁忙的机构。

兵马司对城市社会的管理,建立在“铺”这一基层组织之上。即在东、西、南、北、中这五兵马司辖区之内,将居民编为铺。每铺约一百户,以《千字文》为序,称“天字铺”“地字铺”“玄字铺”“黄子铺”等,由兵马司于各字铺内佥点总甲、火夫,承担火甲之职。字铺的组织形式及其功能类似于保甲。最初,编入字铺的常住人户承担火甲之役,字铺总甲则协助兵马司维持日常治安,皆属于力役。十七世纪初,五城军民题请比照条编事例,变力役为门摊,由官方统一征钱,雇募火甲。自万历三十四年至三十八年(1606—1610),在五城军民推动及御史丁宾的支持下,终于完成了南京火甲改革。此后,兵马司不仅有社会治安管理的责任,还负责房钞的征收,并在五城之内进行税收二次分配。虽然五城房钞也是一种代役银，但这笔税收并非用来补贴官员的公私开支，而是用于五城治安。这使其带有某种“城市税”的性质。

除了“都城模式”中的行政机构之外，“府县模式”下的行政班子则为应天府、上元县、江宁县，亦即“守土之官”。应天府府尹为“大京兆”，正三品文官，地位尊崇。主要职掌包括宣化和人、劝农问俗、均贡赋、节征徭、谨祭祀、阅户口、纠豪强、恤穷困、录罪囚，并考察民间疾苦。附郭的上元、江宁二县，县务与知府大略相同。

与“都城模式”下的六部与五城兵马司相比，府县两级衙门的职责中很少有专门涉及城市的内容。对于应天府而言，真正与城市相关的任务只有一件，就是协助修理外城墙。外城修理原为南京工部负责，景泰六年(1455)之后，要求知府协助调拨人夫。成化九年(1473)后定例，自驯象门开始，知府负责外城门中的四门修理，春秋两季同内外守备、南京工部官员一同阅视并进行修理。

府县二级之中，知县尤其被视为“亲民官”。但作为行政层级的最底层，县令在政务上处处受制于知府，几乎没有自由处置的空间。所有的县级事务，都要向知府汇报，听从知府的意见。就此而言，上元、江宁二县与其他县份亦无不同。

在府县行政体系之下，也有一种针对城市居民而设置的基层组织，被称作“坊厢制”。正如顾起元在《客座赘语》中记载，自洪武十三年(1380)起，明太祖朱元璋陆续“徙浙、直人户，填实京师，凡置之都城之内曰‘坊’，附城郭之外者曰‘厢’。而原额图籍，编户于郊外者曰‘乡’”[①]。都城之内的“坊”与近郊的“厢”，其实就是农村“里甲”体系在城市中的延续，只是名称上有所改变。

明初划定坊厢是为了固定人匠与工商业者的居住地，以便于中央政府勾摄公务。而坊厢居民的主要服务对象是朝廷与中央机构，与附郭之上元、江宁二县当无直接统属关系。永乐北迁后，南京的坊厢制经历了一次较大改变。当时南京城中户口减少，朝廷差役大幅下降。但乡村居民

① 顾起元:《客座赘语》卷二《坊厢乡》，第58页。

承担的上元、江宁二县徭役却仍然繁重。于是应天府尹邝埜于正统二年(1437)重新调整了两县坊厢，并令城中居民与乡村居民一体承担上元、江宁二县差役。自此以后，南京城内的坊厢民开始受到知县的管辖。这就意味着“京官”与“守土官”都可以差使坊厢居民。

尽管都是针对城市设置的基层组织，府县行政体系下的“坊厢”与五城兵马司系统下的“字铺”仍有很大不同。首先，县级行政管理的是“在籍”人口，县令最重要的职责是征收钱粮，行政重心在乡村而不在城市。城市中大量外来人户，只要不落籍在上元、江宁二县，就不会被编入坊厢承担差徭。邝埜于正统初年坊厢合并时，正值南京人口因为国都北迁而降至低谷期。此后城市人口虽不断增长，坊厢数量却有所下降。从正统至万历时期，江宁县坊厢数一直维持在三十五，上元县坊厢数却由四十四减至十六，坊厢总数五十一。以每坊/厢百户，户均五口计算，则坊厢民仅有两万五千。因此，作为基层组织，坊厢未覆盖整个城区；而作为赋役征收单位，坊厢也未涉及全体城市居民。由于坊厢赋役而造成的土著与流移、民籍与军籍之间的利益不均，造成了城市居民内部的激烈矛盾。

相比之下，五城兵马司管理的是五城之内常住人户，既不分军籍、民籍，也不限于上元、江宁二县在籍户。因此，为佥编火甲而划分的字铺覆盖了更多的城市人口。万历三十八年(1610)编审时，五城军民铺计六百六十九所(天字铺至吉字铺)，人户六万七千零一十六户。仍以户均五口计算，覆盖人口达到三十三万五千，是坊厢民的十三倍。五城字铺作为一种城市保甲组织，在行政空间和户口控制上具有极大的覆盖面。五城兵马司作为京城治安管理、房钞征收、火甲佥派(或雇役)的专职机构，具有较强的市政特征。这是南京城市管理不同于其他府县级城市的地方。而究其根本，仍是南京的“陪都”所决定的。